MULHERES RENOVADAS

MENTORIA GUIADA PELO ESPÍRITO SANTO

EDITORA
CHAVE MESTRA®

Título original em Português: Mulheres renovadas
Mentoria guiada pelo Espírito Santo

Direção editorial: Raquel Medeiros
Coordenação de revisão: Híllona Anjos
Revisão: Gustavo Oliveira
Diagramação: Daniel Marchesani
Branding de capa: Sergio Macceddo

Dados Internacionais de Catalogação na Publicação (CIP)

Vale, Rogério. (Organizador)
V149 Mulheres Renovadas - Mentoria guiada pelo Espírito Santo /

Rogério Vale (Org.) – Barueri, SP: Chave Mestra Editora, 2023.
216 p. : 16 x 23 cm

ISBN 978-65-84979-58-1

1. Espiritualidade. 2. Vida cristã. 3. Inteligência espiritual. 4. Liderança cristã. 5. Fé.
I. Título.

CDD 158.1

EDITORA
CHAVE MESTRA®

Sumário

Prefácio

Sonhei que minha mãe retirava um gafanhoto de dentro do meu ouvido, o bichinho estava todo fechado, parecia um cotonete. Não conseguia ouvir bem do lado direito, até que a minha mãe, com uma pinça, puxou. É bem nojento lembrando agora, consigo até sentir a mesma sensação que tive no sonho contando esta história. Não lembro se ele estava vivo ou morto. Mas ele estava tão intacto, parecia estar vivo, tanto que as cores estavam ainda bem vivas.

Ele veio todo compactado, com as asas bem fechadinha, ainda melado de cera dos meus ouvidos e, quando a minha mãe removeu por inteiro, ele tinha aproximadamente o tamanho da minha mão. A sensação que veio no sonho é a mesma que sinto agora lhe contando. Meu ouvido direito limpo, puro e desobstruído.

Deus nos chama para sermos bons ouvintes. É importante conseguirmos identificar quais são os migradores de palavras, os cortadores de palavras e os destruidores de palavras que permitimos entrar dentro do nosso coração e na nossa mente através dos nossos ouvidos. Quem tiver ouvidos, ouça o que o Espírito diz às igrejas.

Vejo muitas mulheres de fé desfalecerem em seus chamados com os ouvidos obstruídos por sofismas, fortalezas, pedras de tropeço, inquietações, opressões, mentiras, incredulidade e ansiedades. Acredito que o objetivo do gafanhoto era cortar a comunicação de Deus com a minha vida. Ele cortava a ligação que eu tinha com o Pai, a sensibilidade com o Pai. O sonho quis dizer que eu só estava ouvindo de um lado, mas do outro estava totalmente obstruído.

Deus nos chamou para voar com as duas asas, chamou-nos para correr com as duas pernas, para ter habilidades com todos os dons que ele nos deu nesta terra. Com esta porção do livro, quero te convidar a orar pedindo:

"Senhor, em nome de Jesus, revela-me o que estiver oculto. Arranca, Senhor, todas as palavras, mensagens, conceitos e definições que eu trouxe fora da Tua palavra, que corta a Tua comunicação comigo, impedindo que minha mente seja renovada, dentro daquilo que Tu tens para minha vida."

Ore, querida! Clame, jejue, consagre-se, consagre os seus ouvidos. Peça:

"Pai, preciso ter os ouvidos do Espírito nos meus ouvidos, preciso escutar como o Espírito escuta, quero ser uma excelente ouvinte, preciso sentar e Te ouvir, ter prazer em Te ouvir."

O processo do renovo é dolorido e não podemos fugir desta realidade. Entenda, um novo nascimento é um embrião que cresce tecido no ventre de sua mãe. E ali, ele, no tamanho da originalidade do nascimento, às vezes cresce com alguns centímetros a mais, mas para mãe, aquilo já é bastante dolorido, precisando passar de um nascimento natural para uma cirurgia mais delicada.

O nascimento do renovo exige exatamente uma força maior, porque agora nossa articulação emocional e pensamentos estão cauterizados a nossa musculatura espiritual, tudo isso está muito bem fixado, afinal de contas, isso já funciona há muito tempo, já aprendemos com anos de treinamento e agora reagimos automaticamente.

Deus nos chama para viver o renovo, o renascimento do renovo. Fico pensando que, se a borboleta tivesse que voltar para dentro do casulo, depois dela ter rompido toda aquela estrutura do antigo casulo, caso ela tivesse que voltar agora com as suas asas, ela precisaria encaixar as estruturas de suas asas para que voltasse.

Muitas estruturas em nós precisam ser quebradas e realinhadas. O renovo exige um regresso natural. Dói, eu sei que dói! Deus lhe diz: *"Volte para os meus braços, encaixa-se no Meu colo."* Deus está neste processo. Agora permita que o Espírito Santo lhe ensine, através dos capítulos deste livro, todo escrito por mulheres guiadas por Ele. Em breve, creio que ouvirei seu testemunho de renovo, uma nova mulher renasceu direto dos braços de Deus. Oro por sua vida e sei que esta obra é resposta do céu para sua nova jornada. Agora respire fundo, porque o processo do renovo já começou.

Pra. Diana Carvalho

Aline Rezende

Sou Aline Rezende, filha amada de Deus Pai. Sou esposa, mãe e autora. Este é meu segundo livro, o processo de escrita renovou meus hábitos e minhas atitudes. Minha missão é elevar, transformar pessoas e negócios através da comunicação, que é a base de todas as interações humanas.

Ministrei 50 cursos em 34 países, 58 cidades, para mais de 9 mil pessoas. Sou Advogada, pós-graduada em Direito Processual Civil Contemporâneo, especialista em Inteligência Emocional, pela *Florida Christian University*, cursei *Business Administration* na Irlanda e MBA em Gestão, Empreendedorismo e Desenvolvimento de Negócios. Moro na Irlanda e trabalho há mais de 10 anos impactando vidas por meio da Comunicação Transformativa, despertando potencial e propósito através das palavras.

alinerezende.me

DESPERTE A MULHER RENOVADA QUE EXISTE EM VOCÊ

01

Por Aline Rezende

Quando escolhi aceitar o desafio de escrever o segundo livro, entendi que precisava de um renovo em minha vida. Primeiramente, quero agradecer à pastora Diana Carvalho pelo convite. Que Deus continue a abençoá-la abundantemente em seu ministério, capacitando-a com sabedoria e discernimento. Que você seja fortalecida em sua fé, revigorada em seu espírito e renovada na sua caminhada com Deus. Mais uma vez, obrigada por tudo que você faz. Sua presença em minha vida e em nossos grupos de mulheres é um testemunho vivo do amor de Deus. Que Ele a recompense e proteja em todos os momentos.

Desafio aceito, então passei a buscar diariamente como realmente viver esse renovo na prática, já estava há algum tempo fazendo as mesmas coisas, sem observar grandes evoluções em algumas áreas da minha vida. Hoje, depois de um tempo de decisões e ações implementadas, posso dizer que sou uma Mulher Renovada e, neste capítulo, vou ajudar você a também despertar a Mulher Renovada que existe em você.

Gosto muito de pesquisar a origem e o significado das palavras, quando li o significado df, entendi que era exatamente o que precisava naquele momento da minha vida. De acordo com o dicionário da Língua Portuguesa, a palavra renovação tem "origem no latim *renovatio*" e significa "ação e efeito de renovar, tornar algo novo, no seu estado inicial, deixar como novo, estabelecer novamente algo que havia sido interrompido, também, entende-se pela substituição de algo velho por algo novo."

Quando terminei de ler a definição, pensei: "Uau! A palavra renovação tem um sentido muito mais profundo do que imaginava." Continuei a pesquisa, encontrei a definição de renovar, verbo transitivo, origem da palavra renovação. Renovar é "tornar-se novo, melhorar, consertar e recomeçar dando aspecto de novo a algo."

Iniciei uma jornada diária de busca pela renovação em minha vida. Primeiramente, libertei-me de todo e qualquer julgamento, deixando para trás as limitações do passado. O que está por vir pode e deve ser bem melhor, desde que você desperte a mulher renovada que existe em você. Você precisa ir além das teorias, colocar em prática, não nas redes sociais, mas na vida real, a mudança que ocorre dentro de você precisa ver a luz do dia.

Somos a média das pessoas que convivemos, você já deve ter ouvido essa frase. Em uma pesquisa mais profunda sobre o que essa frase quer dizer na prática, encontrei estudos que denominam esse efeito de espelhamento. A descoberta dos neurônios-espelho foi realizada pelos neurocientistas italianos Giacomo Rizzolatti, Vittorio Gallese e Leonardo Fogassi, em 1994, na Universidade de Parma, na Itália. Os neurocientistas descobriram que os neurônios espelham comportamentos das pessoas com as quais mais convivemos.

Inconscientemente, espelhamos comportamentos que geram efeitos além do comportamento, influenciam os gestos e até mesmo a maneira de falar. Os estudos demonstraram, durante anos de experimentos, que o córtex pré-motor tem efeito no movimento do corpo, refletindo na fala, na maneira de pensar e de agir. Os cientistas descobriram que representamos o que observamos, desde a mãe interagindo com um bebê, assim os efeitos se estendem ao âmbito da aprendizagem. Essa observação demonstra que também existe sincronização de comportamentos, e aqui é possível entender o significado da frase: somos a média das pessoas que convivemos.

Se você perceber o quanto esse estudo é valioso, conseguirá entender que para encontrar renovo, o ponto de partida é o grupo de pessoas ao nosso redor e o comportamento. Faça uma análise do seu dia a dia e pergunte a si mesma: "As suas ações trazem renovo para a sua vida e para a vida das pessoas à sua volta?"

Além disso, uma segunda análise é necessária: as pessoas com as quais você convive trazem renovação para sua vida, aproximam você de quem realmente você quer ser ou afastam você de seus objetivos?

A clareza de quem somos e de quem queremos nos tornar pode ser alcançada à medida que estamos dispostas a buscar renovação, substituindo velhos comportamentos, melhorando atitudes, escolhendo com sabedoria mesas que nos assentamos, sendo intencional quanto aos lugares que frequentamos, estabelecendo uma nova rotina e buscando a nossa real identidade de mulher renovada.

Para que você encontre a Mulher Renovada que existe em você, é preciso estabelecer uma rotina que tenha por base o foco em 5 pilares:

1. Você e Deus: independente da religião, buscar Deus é uma responsabilidade e um privilégio. Quando comecei a realizar o meu tempo de devocional diário, entendi a nossa origem de filhas amadas, parecidas com Jesus, nosso maior exemplo de compaixão, e alcancei uma força de vontade que vai além da empatia que me faz entrar em ação todos os dias. Neste pilar, convido você a avaliar: de qual forma realiza ações práticas que demonstram que é filha amada de Deus? Jesus em ações diárias demonstrou ser Filho de Deus, viveu de maneira bondosa, consolou corações, orou pelo povo, ensinou nas sinagogas, levou cura e salvação. São grandes exemplos para você se espelhar.

   Lembra o estudo sobre os neurônios-espelho que apresentei no início deste capítulo? Escolha se espelhar em Jesus, aprenda mais sobre Ele. Para isso, inicie um devocional diário, leia a Bíblia, louve a Deus, ore e convide Deus a participar das suas decisões e ações. Qual é a renovação que você precisa encontrar entre você e Deus? Está escrito em Tiago 4:8: *"Se achegue a Ele e Ele se achegará a vós."* Procure se achegar mais a Deus e encontre um lugar de renovo diário.

2. Você e você mesma: o que pode fazer para que seu tempo com você mesma seja de relaxamento, renovo e crescimento? Nós mulheres temos tantos afazeres que às vezes não temos tempo para nós mesmas, não é mesmo? Aprendi que me colocar na minha agenda, praticar o amor-próprio e cuidar de mim é essencial para que esteja bem para cuidar das pessoas ao meu redor. Neste pilar, invista tempo para cuidar de você, se você não se cuida, não consegue cuidar bem de outras pessoas. Ame quem você é, se você não se ama, não consegue amar outras pessoas.

   De forma prática, tenha uma rotina que inspire você, comece o dia com seu devocional, um café da manhã saudável, rotina de exercícios, espírito forte não habita em corpo fraco. Inicie aos poucos, 10 minutos de exercícios aumentam a sua autoestima, sensação de bem-estar e melhoram o humor. Faça isso por você, você merece o seu melhor todos os dias! No relacionamento entre você com você mesma, o que precisa renovar? Conforme Provérbios 23:7: *"Assim como você pensa na sua alma, assim você é."* Escolha ter pensamentos bons sobre você mesma.

3. Você e sua família: cuide da sua família com carinho, que sua casa seja um lugar de paz, um porto seguro para você e sua família, onde todos querem voltar e se encontrar ao final do dia. Mesmo em meio a uma rotina corrida, às vezes, dias difíceis, com cansaço e desentendimentos, procuro sempre manter o diálogo e perdoar rapidamente. O que você prefere: ter razão ou ser feliz? Neste pilar, priorize estar em paz com o seu coração e com todos na sua casa, ame como gostaria de ser amada e cuide como gostaria de ser cuidada.

   Que a sua casa seja um lugar de amor e de alegria. Preencha primeiramente o seu coração com amor e alegria, sua casa é o seu primeiro ministério. Cuidar da nossa casa e da nossa família é preparar pessoas boas para o mundo, pessoas que sabem amar, que sabem perdoar, assim estamos construindo um mundo melhor, começando dentro da nossa casa. Escolha palavras que trazem bênçãos, escolha comunicar com amor, com educação, sem ofensas, a palavra depois que é falada não volta mais, existem palavras que machucam e palavras que curam, quais você tem escolhido?

   Renove o seu vocabulário, buscando ser uma mulher que diz palavras boas e edificantes, que ensina seus filhos no caminho em que eles devem andar pelo seu exemplo de amor e de cuidado. *"A mulher sábia edifica a sua casa e a tola leva a sua casa as ruínas"*, conforme Provérbios 14:1. Decida ser uma mulher sábia e edifique a sua casa com seu amor, renove seus dias com amor nas suas palavras.

4. Você e seu trabalho: por meio do nosso trabalho, relacionamo-nos com as mais diversas pessoas todos os dias, seja você dona de casa, funcionária, empreendedora, empresária, concursada ou autônoma. Independentemente da área que você decidiu atuar, seja especialista no que faz. Eu tenho plena certeza de que foco, disciplina e consistência são mais fortes do que talento. Temos muitas habilidades, escolha uma para se destacar, esteja sempre atualizada, faça seu trabalho com dedicação e excelência.

   De que maneira você pode renovar a sua forma de trabalho? Honre o seu trabalho, conforme Salmos 128:2: *"Do trabalho de tuas mãos comerás, feliz serás e tudo te irá bem."* Neste pilar, alinhe a sua vida como uma mulher renovada, levando renovo aos ambientes que frequenta diariamente. Procure formas de fazer seu trabalho com mais leveza, fazendo a diferença no ambiente que você está e sendo aquela pessoa que transforma o ambiente, levando leveza, luz, alegria, amor e renovação.

5. Você e o mundo: todas temos um papel na sociedade. Você já parou para pensar sobre qual legado quer deixar para o mundo? Seu papel no mundo é o seu legado. Neste pilar, encontre um tempo na sua agenda para incluir trabalho voluntário ou participar de grupos de mulheres. Tenho grupos gratuitos de mulheres, com mentoria para mulheres do mundo inteiro, semanalmente e de forma gratuita. Conforme 2 Coríntios 5:20: *"Somos embaixadoras de Cristo."*

   Um legado não é sobre o sucesso que você faz, e sim, a significância que você tem, a importância que você tem na vida das pessoas, da sua família, do seu bairro e da sua comunidade, é sobre pensar no mundo como um todo, ir além do que os olhos podem ver.

Meu desejo é que você, ao ler estes capítulos, receba o doce Espírito Santo de Deus no seu coração, trazendo renovo em todas as áreas da sua vida, para que você desperte a mulher renovada que existe em você.

"

Desperte a força
que habita em
você, permita que
a mulher renovada
ganhe vida e que
você se torne a
protagonista da sua
própria história.

Aline Rezende

Ana Karla Soares

Sou Ana Karla Soares. Fui resgatada, restaurada, imergida na paternidade do Pai para resgatar vidas para o Reino. Essa é a missão que me foi confiada e meu propósito é viver tudo que nasci para viver nesta geração. Formada em Teologia e Psicologia, especialista em Prevenção e Posvenção do Suicídio, terapia familiar e de casal, dentre outras áreas. Estou em processo para o mestrado.

Hoje, coordenando o Serviço de Residência Terapêutica (SRT - Tipo 2), com alguns moradores em processo de desinstitucionalização da saúde mental. Sou atuante no atendimento clínico de psicologia e psicanálise. Focada em resgatar vidas e trazê-las de volta para o melhor que há em si. Ajudar é um ato de amor. E me sinto completa ao fazê-lo.

akarlasoares

akarlasoares@gmail.com

+55 (86) 99809-7618

PERMITA-SE SER CUIDADA

02

Por Ana Karla Soares

Acredito que nascemos com um propósito estabelecido por Deus, há um desejo no coração do Abba a nosso respeito. Somos Seu melhor e teremos, ao longo da vida, uma certa dificuldade para assumirmos esse lugar. No último ano do curso, fui surpreendida pela morte repentina de um grande amigo de infância. Ele já vinha lutando contra a depressão e, infelizmente, deu fim à sua jovem e promissora vida.

Foi algo que me abalou profundamente, não conseguia entender ou aceitar a sua partida. Ele havia tirado a vida e aquela escolha me deixava indignada, revoltada e sem chão. O fato é que jamais saberemos o que acontece no interior de cada pessoa, suas aflições, dores e tudo o que tem vivido.

Aquela situação despertava em mim o desejo de entender o que levaria uma pessoa a tal atitude. Ao terminar meu curso, iniciei a busca por desenvolver habilidade para trabalhar com pessoas que passavam pelo luto, pela dor, pela depressão e pela ideação suicida. Lia tudo que encontrava pela minha frente e que tivesse relacionado ao tema, fiquei muito feliz ao descobrir que na minha cidade teria a primeira especialização a nível internacional sobre prevenção e posvenção ao suicídio, o curso teria as maiores autoridades em Suicidologia da América Latina.

Não tive dúvidas, teria que fazer parte daquela equipe. Iniciava ali uma linda caminhada com a ONG Débora Mesquita, atuando diretamente na prevenção e posvenção do suicídio através do acolhimento qualificado.

Comecei a fazer parte de uma equipe maravilhosa, onde todos trabalhavam por amor, por desejo de trazer luz a este caminho tão delicado. Conheci pessoas que estavam completamente desesperadas, muitas sem chão e vendo a morte como solução para suas questões. Juntas construímos novos saberes e novos caminhos.

E ressalto aqui sobre a importância de termos zelo com as palavras que usamos com o outro, não temos ideia da vulnerabilidade do coração das pessoas, e nossas palavras podem gerar vida, como também morte. O mundo tem vivido um tempo de distanciamento, de solidão e de amores superficiais, muitos têm sufocados suas dores e, de alguma forma, é mais fácil ouvir algo e pensar que é apenas para chamar atenção.

Trabalhando com essa temática, tive a oportunidade de conhecer muito de mim, dos meus contextos e do quão importante foi não ter parado. Do quanto ter acreditado nas promessas de que temos uma missão foi importante. Muitos anos depois da morte do meu amigo e podendo ter o coração livre dos sentimentos, que antes me envolviam com relação a sua partida, pude enfim esquecer a forma da sua ida e manter vivo nas minhas memórias. Busco honrar todos que passaram e passam por minha vida, mesmo sendo uma pessoa enlutada pelo suicídio ou uma pessoa que, de alguma forma, perdeu ou tem perdido o ânimo pela vida.

Uma das coisas que faz muito sentido para mim é a verdade de que pedir ajuda é um ato de amor, é uma forma de deixar o outro caminhar com você. Temos um número alarmante de morte por suicídio, no nosso país e no mundo. É necessário falarmos sobre este tema e quebrarmos o tabu que ainda envolve essa questão. Muitos jovens têm se perdido por este caminho e, muitas vezes, suas vozes não são ouvidas. É necessário que eu e você possamos ser este alguém que de forma responsável se dispõe a estender a mão.

Não desista de viver aquilo que o Senhor sonhou para sua vida. Os dias de chuva passam, as dores não são eternas, o silêncio pode e dever ser quebrado. Amar é uma resposta para as angústias e aflições.

Existem muitos pontos sobre esse tema e precisamos desmistificar:

- Pessoas que falam em cometer suicídio não podem ser vistas como alguém que deseja apenas chamar atenção. Não ignore essa fala, essa dor. O suicídio é um pedido de socorro palpável.
- Perguntar sobre suicídio e oferecer ajuda não incentivará a pessoa a cometê-lo, pelo contrário, ter uma escuta de qualidade e responsável faz a diferença.
- Não minimize a dor do outro. Ouça mais e fale menos. Muitas vezes, tudo que o outro deseja é ser ouvido verdadeiramente. Daí a importância de buscar ajuda qualificada. Como disse antes, pedir ajuda é um ato de amor.

- O sofrimento psíquico não é frescura, bobagem, coisa da nossa cabeça, não é falta de fé, não é apenas uma fase.
- Depressão é doença e precisa ser tratado como tal, por um psiquiatra. Ir ao psiquiatra não é coisa de doido, é uma ação para cuidar do que você e eu temos de mais importante, nossa estrutura mental.

Existem fatores de proteção para quem está passando por essa situação:

- Não enfrente tudo sozinho, busque a sua família e amigos. Se você acha que sua família não entenderá, busque alguém de sua confiança ou um serviço de apoio na sua cidade.
- Mantenha sua vida espiritual, fortaleça os laços de amor e fé. Todos passam por lutas e dificuldades, inclusive líderes religiosos e pessoas que vivem e conhecem intimamente ao Pai. Depressão, ansiedade, doenças emocionais e psíquicas podem e envolvem qualquer indivíduo.
- Tudo o que passamos com o isolamento e a quarentena (da Covid-19) mudou nosso estilo de vida. Só que não nascemos para viver isolados e precisamos reforçar as relações familiares e sociais. É necessário sermos vistos, ouvidos, sorrirmos e chorarmos com o outro. Não fique sozinho!
- Descubra ou redescubra o que te faz bem, o que te faz feliz. Volte a cultivar as flores, os sonhos e o amor. Tire os seus projetos do papel e viva um dia por vez, uma conquista por vez.
- Perdoe. Mantenha o seu coração livre, leve e sem o peso da dor, do passado, das feridas e das mágoas. Isso te fará um bem enorme.
- Ame-se, cuide-se e seja quem você nasceu para ser.

Escrever sobre esse tema foi algo que nasceu como uma maneira de alcançar aqueles que ainda não conseguem pedir ajuda e precisam de alguém para confiarem. Sua vida tem valor, sua vida faz a diferença e desistir é algo que pode ser mudado, transformado, se tão somente você estender a mão. Estou aqui para te ajudar, segurar sua mão e encontrarmos um novo caminho a trilhar.

Eu já havia iniciado os atendimentos da tarde quando entra na sala uma senhora com um olhar muito aflito, ela trazia para o atendimento sua sobrinha Lua Blanca (a chamaremos assim), que se encontrava na antessala sem querer entrar. A tia anunciou que ela havia tentado suicídio há poucos dias, que havia estado internada e que a família não sabia o que fazer.

Passa pela minha porta uma jovem tímida, cabisbaixa, olhar triste e que nada falava, ela se sentou a minha frente e não me olhava nos olhos. Fui tentando puxar papo e algumas coisas ela respondia gesticulando a cabeça, ficamos assim por quase 60 minutos, ao finalizar, perguntei se poderia lhe dar um abraço, ela aceitou e recebi um sorriso acanhado. Essa postura se repetiu por quase 30 dias, até que ela conseguiu falar algumas palavras, ela foi pouco a pouco sentindo se poderia confiar em mim.

O fato é que ela guardava consigo um segredo maldito que a perturbava e apavorava, dando a ela o sentimento de desvalor, de culpa e muita vergonha. Depois de algum tempo, mostrei a ela a importância de quebrarmos aquele silêncio e pedirmos a ajuda de sua família.

Passamos por muitos momentos juntas, momentos de desespero, momentos de busca por algo que fizesse sentido para continuar viva. Momentos marcados com a pele e o coração dilacerado a sangrar, muitos foram os abraços no final dos nossos encontros, em que nos olhávamos como se fosse uma despedida, havia sempre um pedido de socorro em seus olhos.

Ela mantinha um sorriso no rosto, como que um disfarce para que todos acreditassem que tudo estava bem, só que ao mesmo tempo, não conseguia se segurar em nada e tínhamos uma tentativa, outra tentativa e, novamente, mais uma tentativa. Muitas vezes, ela segurava em suas mãos o contrato que tínhamos assinado, onde dizia que não iria desistir, que buscaria ajuda, que daria um novo respirar antes de tentar a luz da vida apagar.

Passamos por inúmeras conversas com a mãe, o pai, a irmãzinha, que era sua protetora e a vigiava como ninguém, sempre percebia quando algo estava errado e corria para nos avisar que Blanca estava a aprontar. Muitas vezes, faltava um elo espiritual, ela dizia não acreditar nem mesmo em Deus, já que Ele não havia ajudado naquele dia fatídico e que Ele não permitia que ela partisse.

Só que aos poucos, uma das técnicas funcionou, Blanca se apaixonou pela leitura e um dos livros a fez querer conhecer Deus e ser amada por Ele (*Não é falta de fé*, livro de Fernando Gutman e Késia Mesquita). Tamanha era sua alegria ao falar do Criador, ali nascia em nossos corações uma esperança.

Ela, uma jovem tão prendada, sabe fazer laços, bolos, enfeites e festas. Tudo que coloca a mão parece ganhar vida. Seus pais faziam de tudo para trazê-la de volta, se fosse preciso comprar o céu, eles dariam um jeito e comprariam para ver nela o que havia se apagado. Eles ganhavam a vida vendendo comida, vendendo um pouco de tudo, de porta em porta, saiam na madrugada e voltavam no final do dia, para que nada faltasse para o tratamento e para encontrar ali uma possibilidade de vida.

E não é que Deus sabe como fazer as coisas. Um belo dia, cruza a sua vida um homem que havia aprendido a superar suas próprias questões, ele ouviu toda sua dor, viu suas aflições e no seu colo a colocou. Nesse momento, algo de fé e esperança nasceu em seu coração, ela acreditou que algo poderia ser diferente e em seu coração declarou: "Darei uma chance à vida. Vou acreditar em tudo que um dia ouvi." Lembrou tudo que viu de esperança quando olhava os olhos de sua irmã, que por ela tanto amor entregava.

De alguma forma, ela viu nele força, amor e paz. E surpreendeu a todos aceitando esse amor, esse cuidado e as novas possibilidades. Ele a levou para cidade maravilhosa, fez ela descobrir os céus, trocou suas vestes, cobriu-a de encantos. E juntos, hoje, vivem sem medo, desfrutando a brisa, o mar, os sonhos e os castelos. Hoje, ela olha para trás e percebe que pedir ajuda foi o grande diferencial do seu viver. Ela cumpriu a promessa de tentar e tentar outra vez. Juntas, hoje, agradecemos a Ele por todos os momentos do processo e pela certeza de que os milagres de ontem continuam a existir.

“

Pedir ajuda é um ato de amor.

Ana Karla Soares

Ana Maria Cipriano

Sou Ana Maria Carvalho Cipriano, serva do Senhor Jesus Cristo, amiga do doce Espírito Santo, quem considero meu melhor e mais precioso Amigo. Sou esposa do pastor Jose Luiz Cipriano e mãe de três filhos: Louyse Marciano, Roberth Luiz e Diana Carvalho. Tenho mais dois filhos, meus genros Jonh Maycon e Rogers Ramon, e uma filha nora, Emanuelle. Sete netinhos e um bisneto. Minha família, meu maior tesouro.

Sou pastora, missionária e embaixadora de Cristo Jesus, com formação em Pedagogia e Psicologia. Hoje aposentada, mas trabalho vinte e quatro horas para o Reino do Senhor Jesus Cristo de Nazaré.

anaciprianojl

anaciprianojl@gmail.com

+55 (86) 99561-7575

ELE, O SENHOR, TEM PROPÓSITO COMIGO

03

Por Ana Maria Cipriano

Órfã de pai e mãe, fui criada e educada pelas minhas duas irmãs mais velhas e as duas mais novas. Morávamos com nossos avós maternos, minha vovó, esta era bem rígida com todos os netos, e eram muitos. Mesmo sem meus pais biológicos, fui criada com regras e ensinada a ter valores familiares para uma convivência harmoniosa com todos os meus irmãos e primos, e éramos muitos. Tudo era dividido por todos, mas vivíamos tranquilos.

Quando pequena, tive meningite, fui desenganada pelos médicos e minha família preparou meu funeral. Mas ele, o Senhor, tinha propósito comigo. Tive que começar a trabalhar desde os 14 anos, com isso, aprendi a ser organizada, cumprir horários e tarefas difíceis com soluções rápidas, aprendi também os valores da família, o bem mais precioso que há aqui nesta terra.

Aos 17 anos, casei-me e sai da casa da minha avó, logo em seguida, nasceram os filhos Louyse, Roberth e Diana. Foram tempos bem difíceis, mas nunca desisti. Hoje são embaixadores de Cristo Jesus com formação acadêmica. Foram tempos de preparar a terra para plantar e semear com trabalho, esforço e muita atitude de amor.

Aos 18 anos, comecei a fazer concursos para o nível médio e logo passei para uma empresa pública no estado do Piauí. Depois de alguns anos, passei em um novo concurso e fui para uma empresa do Governo Federal, Dataprev (empresa de TI); por lá, fiquei 34 anos, anos de celeiros cheios e muitas bençãos derramadas sobre minha família.

Eu tinha um sonho, fazer um curso superior em uma universidade. Eu vivia pensando nisso: "Um dia, ir para a universidade." Eu não sabia, mas já tinha uma pessoa que cuidava de mim e me apresentava oportunidades únicas. Em 2000, meu sonho foi realizado, passei no vestibular para o curso de Psicologia, em uma universidade estadual, em Teresina. Acordava às 4 horas da manhã, e o dia iniciava: casa, filhos, marido, trabalho, aula na universidade e casa novamente. Foram anos cheios de atividades, mas abençoados.

Entre os anos de 2000 e 2007, foi uma chuva de netos chegando, eu e meu esposo felizes segurando o leme do barco. Meu Amiigo continuava a cuidar e a me guiar, esse Amigo que me amava e eu não sabia, até o conhecia, mas não sabia do tamanho do seu amor por mim.

Mas foi em 2019 que descobri o quanto era amada e cuidada por esse Amigo, Jesus Cristo de Nazaré. Voltando no tempo, em 2002, comecei com fortes dores de cabeça, tonturas, além de passar mal na empresa que trabalhava (Dataprev). Tomava remédios e melhorava um pouco, depois voltavam as dores. Uma amiga querida, na época, minha gerente, falou: "Ana Cipriano, é bom você procurar um médico." Como as dores estavam muito constantes, agendei uma consulta em uma clínica, no horário do almoço de trabalho, e no dia da consulta, lá fui eu.

Ao chegar na clínica, aguardei ser atendida pelo médico agendado, quando chegou a minha vez, entrei no consultório, o médico me recebeu na porta me dando as boas-vindas na clínica. Iniciamos a consulta, contei a história das dores de cabeça e as tonturas para o médico. Ele me examinou e disse: "Você está com a sua pressão alta. Você tem que procurar um cardiologista agora mesmo." Fiquei impactada e sem ação porque o médico foi logo se levantando e abrindo a porta do consultório para eu sair, não disse mais nada.

Ou seja, estava sozinha, levantei-me e sai da clínica em silêncio, fui caminhando preocupada com a descoberta de estar com esse problema de saúde e sem rumo, na principal avenida de Teresina, onde moro, o caminho de volta para a empresa a qual trabalhava na época.

Caminhando na avenida, antes de chegar à empresa, já tinha passado meu horário de almoço, lembrei que tinha uma clínica cardiológica próximo de onde estava e fui até lá. Quando cheguei na recepção, contei a história que o outro médico havia falado para a recepcionista e expliquei o porquê de estar ali na clínica, queria falar com um cardiologista. Ela pediu que aguardasse, aguardei um pouco e logo entrei no consultório do médico cardiologista. O médico me examinou em silêncio, deu-me um comprimido para colocar debaixo da língua e perguntou se tinha um acompanhante na recepção ou se estava só.

Expliquei para ele tudo: as dores de cabeça, as tonturas, que estava no horário de trabalho e que, naquele momento, estava sozinha. Esse médico era um anjo e disse: "Sua pressão está bem alta, mas já vai abaixar com a medicação que colocou debaixo da língua. Ligue para seu esposo ou alguém." Recebi atenção e os cuidados necessários naquele momento que precisava, depois disso, fiz vários exames e descobri uma arritmia cardíaca. Ainda estou sendo cuidada por esse médico, anjo até hoje.

Na empresa que trabalhei, eram obrigatórios os exames médicos periódicos anuais, assim, todos os anos, em janeiro, recebia os documentos para a realização desses exames. E foi em janeiro de 2019, que descobri o grande amor do meu Amigo por mim. Iniciei os exames nesse mesmo mês, e eram vários, entre eles, os cardiológicos, e esses, sempre fazia na clínica do meu médico cardiologista anjo.

Quando recebi os resultados, todos estavam dentro do esperado para minha idade, o meu corpo físico e o pequeno problema que tinha, a arritmia cardíaca, tudo tranquilo. Só que na última semana dos exames, e já iria marcar a consulta final com o médico do trabalho, para a finalização do programa periódico anual, senti uma forte dor no peito, mais precisamente, meio-dia, no horário do almoço. Eu falava: "Nossa, o que é esta dor que queima meu peito?"

Fui ao meu médico cardiologista anjo e ele viu as anotações no computador, olhou para mim e disse: "Ana Maria, vamos estudar esta dor?" Eu falei: "Sim." Analisando tudo e voltando, ele me disse, mais uma vez: "Vou te encaminhar para uma clínica de um médico que conheço muito." E respondi: "Certo então."

Sempre fui corajosa, *"Quando passares pelas águas, estarei contigo, e quando pelos rios, eles não te submergirão; quando passares pelo fogo, não te queimarás, nem a chama arderá em ti."* Isaías 43:2. Fui à clínica desse novo médico especialista anjo e fiz um estudo do coração (cateterismo). Sexta-

-feira, dia 14 de fevereiro de 2020, às 7 horas da manhã, lá estava eu bem tranquila na clínica. Iniciei o exame, fiz todos os procedimentos e continuei calma, pois já haviam me informado como seria em todos os detalhes.

Cinquenta minutos depois, o médico especialista anjo, que estava fazendo os procedimentos de estudos no meu coração, disse: "Ana Maria, aguarde um pouco que vou falar com seu médico (cardiologista)", e saiu da sala de exame e foi para uma sala ao lado, com as paredes de vidros. Estava deitada, olhava e via ele gesticulando e enviando algo pelo celular.

O tempo foi longo naquela conversa, e eu observando do outro lado. Quando o médico especialista anjo voltou, falou rápido e com uma expressão bem tranquila: "Ana Maria, o seu coração está com 40% de funcionamento e 60% está parado. Você vai agora para a UTI (a clínica fica dentro de um grande hospital) e irá fazer uma cirurgia do coração, com o cirurgião cardiologista, na segunda-feira, vou preparar tudo agora para você." Ops! Que surpresa terrível! Fui fazer só um exame de estudos e olha o que foi descoberto. Apareceu um terceiro anjo, o médico cirurgião.

A tranquilidade que o médico especialista anjo falou essas palavras foi um impacto grande em mim, mas segui calma, não conseguia pensar direito no que ele falou e na gravidade do que estaria para acontecer. E ele disse mais: "Quem é seu acompanhante? Preciso falar com ele." Eu respondi: "Estou com minha irmã." Chamaram meu esposo e minha filha Diana Carvalho. Fiquei o final de semana na UTI de um grande hospital.

Segunda-feira, dia 17 de fevereiro de 2020, às 5 horas da manhã, dois cirurgiões cardíacos e uma equipe enorme na sala fizeram uma cirurgia de revascularização do miocárdio, traduzindo: são duas pontes de safenas e uma mamária. Ou seja, peito aberto. Continuei mais 19 dias na UTI e mais alguns dias no apartamento do hospital, e logo fui de volta para casa. Ele, o Senhor, tinha propósito comigo.

Entendi que estava recebendo um novo tempo, e não era para olhar para o passado. Meu grande e amado Amigo, Jesus Cristo de Nazaré, estava me concedendo coisas novas e um novo recomeço. Quatro dias depois de ter alta do hospital, voltei à clínica do médico especialista anjo para fazer um novo estudo no coração. No caminho, ouvi no meu ouvido, forte, mas suave:

"Eu vou te surpreender." Assustei-me. Percebi que quem tinha falado comigo era o doce Amigo Espírito Santo de Deus para me acalmar, pois estava muito ansiosa e com medo. Fui realmente surpreendida, o novo estudo revelou que estava tudo bem, 100% funcionando. Voltamos para casa com a orientação de ficar em repouso absoluto e sem visitas.

Três meses depois, iniciou a pandemia da Covid, e eu de repouso, peguei o vírus. Voltei para o hospital e para a UTI, foram mais 5 dias sendo cuidada e guardada pelo meu Amigo querido, Jesus Cristo de Nazaré. Hoje estou contando esta pequena e simples história com tranquilidade. Alguns detalhes nesses meses, que passei no meio de um vendaval de poeira no deserto, entretanto, passei tranquila e em paz, não questionei e nem duvidei que a poeira passaria.

Durante esse tempo, em momentos distintos de medo e ansiedade, meu Amigo falava comigo, no meu ouvido: "Eu vou te surpreender." Depois de uma meningite na infância, uma ameaça de morte súbita, uma cirurgia de 8 horas com meu coração na sua mão, afetada pelo vírus da Covid e duas vezes em UTI, Ele, o Senhor, tinha propósito comigo.

"Sei que sou sua filha e não preciso temer nada, pois sei a mulher virtuosa que o Senhor me ensinou a ser, valiosa na coragem e na capacidade, e que também, todos a minha volta o sabem." Rute 3:11 (Adaptação)

"Obrigado, Senhor Deus, posso me refugiar nas suas asas."

Rute 2:12 (Adaptação)

"

Tinha um Amigo que me amava e eu não sabia, O conhecia, mas não sabia do tamanho do Seu amor por mim.

Ana Maria Cipriano

Ana Maria da Silva Nunes

Sou graduada em Licenciatura Plena em Letras – Português, pela Universidade Estadual do Piauí (UESPI), em 2011, e Pedagogia pelo Instituto de Ensino Superior Múltiplo (IESM), em 2019.

Especialista em Docência para o Ensino Superior pelo IESM (2017), em Ensino a Distância pela UESPI (2016) e em Assistência Educacional Especializada (AEE) pela Faculdade Evangélica Meio Norte (FEMN), em 2017.

Mestre em Estudos de Linguagem/Linguística pela Universidade Federal do Piauí (UFPI), em 2014. Sou professora efetiva na rede estadual do Piauí; escritora, corretora de imóveis e empresária.

anamarianunesaliadadigital

+55 (86) 98805-7199

anamaria.ana.9828

anamsn64@hotmail.com

MULHER DE DE DEUS: UM ELO ENTRE A FAMÍLIA E O SALVADOR

04

Por Ana Maria da Silva Nunes

Naquele dia, acredito ter sido o início do meu chamado por meio da dor. E que dor! Tão intensa que não consigo falar sobre seu motivo sem que as lágrimas venham a brotar. Eu queria ser chamada, mas não com tanto sofrimento. No entanto, Ele sabe de todas as coisas e a medida de cada uma delas. Hoje, aceito o percurso da vida terrena, crente de que tudo está no controle d'Ele.

O fôlego da vida carnal é d'Ele, bem como o sopro da vida espiritual. Esta ocorre depois daquela e, para isso, é preciso nascer de novo, como assim disse o Senhor ao Nicodemos: *"Em verdade, em verdade te digo que se alguém não nascer de novo, não pode ver o Reino de Deus."* João cap. 3: 3

Entendi pela graça e pela misericórdia de Deus que somos pecadores natos, que não há perfeitos, mas podemos ser pessoas melhores a partir do momento que entendemos que Cristo veio ao mundo em forma de homem, para nos salvar por meio da graça e por meio da fé. *"Fiel é a palavra e digna de toda aceitação: que Cristo veio ao mundo para salvar os pecadores, dos quais eu sou o principal."* 1 Timóteo 1:15. É por isso que precisamos nascer de novo.

Pela Palavra, compreendi que há uma saída ao alcance daquele que fizer a opção de caminhar com Jesus, o Salvador. Para isso, basta buscar a sabedoria divina que não está atrelada a sabedoria humana, ainda que esta esteja sob a graça daquela. Conforme Daniel 2:20: *"Seja bendito o nome de Deus, de eternidade à eternidade, porque dele é a sabedoria e o poder."* Se nós submetermos a nossa existência ao Senhor, logo receberemos a sabedoria divina e, por meio dela, seremos capazes de proceder assertivamente diante das adversidades do mundo.

Graças dou ao meu Deus, que me permitiu conhecer sua Palavra e a salvação por meio de Seu Filho Amado, nosso Senhor Jesus Cristo. Assim, sigo minha caminhada amparada pela misericórdia do Salvador da humanidade, em quem confio e me entrego para que a Sua vontade seja realizada em mim, apesar de minha natureza pecadora. Foi com esse entendimento que percorri até aqui, e é buscando força na fonte de água viva que tenho vivido e vencido todos os obstáculos.

Sim. Eu vivo de forma plena com problema ou sem problema, porque n'Ele está a minha fortaleza. Faço o jogo dos contentes, como uma vez me dissera uma conhecida? Não. De forma alguma. Tenho consciência dos problemas, a diferença é que eu confio no Único que pode resolver todos os empecilhos. Ele disse para mim e para você:

"Vinde a mim todos que estais cansados e sobrecarregados, e eu vos aliviarei. Tomai sobre vós o meu jugo e aprendei de mim, porque sou manso e humilde de coração; e achareis descanso para vossa alma, porque o meu jugo é suave e o meu fardo é leve." Mateus 11: 28-30

Se você permite buscar sustento no Senhor, mediante Sua promessa, sua vida é, permanentemente, suave, apesar das vicissitudes da jornada terrena. Posto isso, voltemos àquele dia tenebroso. Até então, minha confiança e quaisquer expectativas de vida não estavam confiadas no Senhor. Nem imaginava que devemos buscar, em primeiro lugar, o Reino de Deus, como Ele mesmo nos diz em Mateus 6:33: *"Buscai, pois, antes de tudo, o seu Reino e a sua justiça e todas estas coisas vos serão acrescentadas."* Como confiar sua vida na força do braço do homem, se este não suste nem a si próprio? Nada do que produzimos é fruto absoluto dos nossos esforços. Tudo vem da vontade de Deus, pois:

"É por intermédio de Cristo que temos tal confiança em Deus; não que por nós mesmos sejamos capazes de pensar alguma coisa, como se partisse de nós, pelo contrário, a nossa suficiência vem de Deus, o qual nos habilitou para sermos ministros de uma nova aliança, não da letra, mas do Espírito, porque a letra mata, mas o Espírito vivifica." 2 Coríntios 3: 4-6

De fato, o Espírito vivifica, mas essa experiência só temos por meio da Fé em nosso Senhor Jesus Cristo. Porém, assim como a fé, as coisas de Deus não são palpáveis e nem visíveis aos olhos dos que não querem conhecer a Sua Palavra. É preciso crer para viver em abundância na glória do Senhor; e para crer, é necessário conhecer a Sua vontade expressa na Bíblia.

Foi dessa forma, por esse caminho, que consegui me encontrar com Ele. Hoje vivo, literalmente, na paz de Cristo, porque entreguei a minha vida nas mãos do meu Senhor e nada que o homem me fizer vai me atingir. No entanto, para eu alcançar essa benção, tive que entender que a nossa felicidade está em Deus, porque Ele é fiel.

Mas eis que vem um problema: como conciliar sua vida cristã com a família, sobretudo, com o cônjuge quando este não professa a mesma fé? Busque a solução no salvador do mundo. Ore e peça, pois assim ele promete: *"Pedi, e dar-vos-á; buscai e achareis; batei, e abrir-se-lhe-á."* Mateus 7:7-8. Confie na promessa de Cristo e faça como Ele orienta. Seja paciente e exemplo de bondade para sua família, uma vez que uma esposa sábia é o sustentáculo do seu lar.

Quando sustentada pelo equilíbrio de Deus, a mulher é o elo entre Ele e a sua família, porque *"A mulher sábia edifica a sua casa, mas a insensata, com as próprias mãos, a derruba."* Provérbios 14:1. Ou seja, a mulher inteligente, passiva, sensata, reestruturada e renovada em Jesus Cristo mantém a harmonia de seu lar controlando sem ser controladora, pois esse feito é realizado pelo amor e obediência aos princípios de Deus. Esse comportamento reflete nos membros de sua família e em sua rede de amigos.

Dessa forma, reconciliando-me com Deus, que a paz de Cristo se estabeleceu em mim e em meu lar. Todos os membros já alcançaram essa benção? Acredito que não. Mas posso afirmar que alguns deles já repousam na tranquilidade que os filhos do Senhor desfrutam.

Esperar em Deus é o único caminho que leva à paz, porque a fortaleza d'Ele não te deixa ora bem ou ora mal. O bem-estar de quem confia n'Ele é perene, esteja a pessoa passando por momentos difíceis ou não. A paz proporcionada pelo Salvador é inabalável. Eu vivo isso e compartilho esta graça com o mundo, pois o amor de Cristo é desprovido de egoísmo.

Quanto ao seu cônjuge não compartilhar da mesma fé que a sua, não se preocupe. Escute todos os absurdos que a pessoa disser contra sua crença no Deus, que fez o mundo e tudo que nele há. Ore e espere no Senhor, que Ele virá em teu socorro, mesmo que a longo prazo, pois o tempo do Senhor, muitas vezes, difere do nosso imediatismo. Confie no Senhor e nas promessas de Cristo. Ande sob a Sua vontade e nunca despreze as Suas diretrizes.

Vejamos o que diz a Palavra a esse respeito, em 1 Coríntios 7: 13-14:

"E a mulher que tem marido incrédulo, e este consente em viver com ela, não deixe o marido, porque o marido incrédulo é santificado no convívio da esposa, e a esposa incrédula é santificada no convívio do marido crente. Doutra sorte, os vossos filhos seriam impuros; porém, agora, são santos."

Sejamos pacientes, como Deus tem sido conosco, e colhamos os melhores frutos. Plantemos na seara divina e tenhamos nosso lar sustentado pelas mãos do Senhor. Santifiquemos nossos esposos e filhos pela obediência ao Pai do céu e tenhamos harmonia, amor e paz em nossas famílias.

Desse modo, usemos de nossa fé para esperarmos no Senhor, sem nos esquecermos de que: *"No Senhor, todavia, nem a mulher é independente do homem, nem o homem independente da mulher, porque como provém a mulher do homem, assim também o homem é nascido da mulher; e tudo provém de Deus."* 1 Coríntios 11: 11-12. Na condição de seres humanos, somos imbricados uns aos outros; na condição de marido e mulher, somos uma só carne como assim determinou o Senhor:

"Por isso, deixará o homem a seu pai e mãe e unir-se-á a sua mulher e, com a sua mulher serão os dois uma só carne. De modo que já não são dois, mas uma só carne. Portanto, o que Deus ajuntou não separe o homem."
Marcos 10: 7-9

Logo, a mulher sábia terá discernimento para saber conduzir sua vida espiritual sem, contudo, desfazer o casamento com o marido não crente. Isso é fácil? É simples? Não. Na verdade, o caminho que leva à glória de Deus é cheio de empecilhos. O mundo oferece soluções pautadas nas leis dos homens, e estes, por sua vez, criam pautas que justificam todos os nossos erros por meio de erros ainda maiores.

Portanto, atentemos para o que o Senhor nos alertou:

"Assim digo para que ninguém vos engane com raciocínios falazes [...]. Cuidado para que ninguém vos venha a enredar com sua filosofia e vãs sutilezas, conforme a tradição dos homens, conforme os rudimentos do mundo e não segundo Cristo." Colossenses 2: 4 e 8

Precisamos estar alertas e vigiar o tempo todo para não nos deixarmos cair nas ciladas mundanas. Elas se apresentam muito lógicas, muito, aparentemente, racionais, mas não devemos esquecer que o parâmetro da mulher sábia são os ensinamentos de Deus.

Então, ouça o cântico suave do convite de Cristo para te dar vida em abundância. Não espere que a dor seja o impulso para atender ao chamado d'Ele. Alinhe sua vida conforme a vontade do Salvador e seja luz para sua família e para o mundo. Não temas e não duvides do que Deus é capaz de fazer em sua vida, por mais que pareça distante. Não pense que a conversão, para algumas pessoas, seja impossível pelo comportamento delas em relação a Deus, apenas ore e confie no Senhor, pois para Deus, tudo é possível. E assim:

"Não andeis ansioso por coisa alguma; em tudo, porém, sejam conhecidas, diante de Deus, as vossas petições, pela oração e pela súplica, com ações de graça. E a paz de Deus que excede todo o entendimento guardará o vosso coração e a vossa mente em Cristo Jesus." Filipenses 4: 6-7

Mediante as promessas de Cristo, mantenha-se firme no propósito de servir a Deus e serão salvos tu e tua casa. Persevere no amor de Cristo para que a tua formosura seja de bons exemplos, e assim, a salvação de Jesus se cristalize em tua vida e reluza o brilho do Senhor por meio de ti. Seja você a proa da sua casa e adore o Senhor em espírito e em verdade. E assim, *"Brilhe também a vossa luz diante dos homens, para que vejam a vossas boas obras e glorifiquem o vosso Pai que está nos céus."* Mateus, 5:16. Amém!

REFERÊNCIA:

Bíblia Sagrada. Traduzida em português por João Ferreira de Almeida. Revista e atualizada no Brasil. 2. ed. Barueri-SP: Sociedade Bíblica do Brasil, 2008.

“

A mulher inteligente, passiva, sensata, reestruturada e renovada em Jesus mantém a harmonia de seu lar controlando sem ser controladora.

Ana Maria da Silva Nunes

Pra. Bruna Cota

Nasci em lar cristão, cresci vivenciando experiências com Deus. Passei pelas águas proferindo minha fé publicamente, aos 12 anos. Dessa maneira, venho rompendo barreiras, seguindo o direcionamento e obedecendo a voz de Deus. Hoje, com 35 anos de idade, possuo uma trajetória incrível, com bastante conhecimento para compartilhar e edificar vidas.

Sou casada há 10 anos com Denis Diniz, juntos pastoreamos a Igreja Batista da Lagoinha, em Sorocaba. Sou mãe de dois filhos: Thomas e Yago, com 5 e 2 anos. Sou formada em licenciatura em Educação Física e Teologia. Tenho o dom de me expressar com palavras, principalmente, de levar o evangelho com amor e intensidade. O meu maior prazer é servir a Deus e cuidar de pessoas.

pastorabrunacota

brunacota.lagoinha@gmail.com

YouTube/brunacota

QUANDO ACHAMOS QUE É O FIM, É O INÍCIO PARA DEUS

05

Por Pra. Bruna Cota

Desde muito pequena, sempre amei estar na igreja, sonhava em pregar a palavra, ser empresária, ter uma linda família e poder ser mãe. Tinha sonhos, então, financeiramente, sempre inventava algo para ter renda informal, até trabalhar formalmente, ainda bem nova. Na adolescência, vivenciei conflitos familiares, mesmo tendo pais dedicados, deparei-me com o divórcio deles aos 15 anos de idade, o que me marcou profundamente. Comecei a vivenciar outra realidade em meu lar, pois meu irmão, com apenas 10 anos, começou a andar com más companhias e entrou no mundo das drogas. E minha irmã, com 5 anos, passou a ser criada pela minha avó materna.

Nesse tempo, tomei muitas decisões imaturas, errei, sofri, mas a sensibilidade ao Espírito Santo era notável. Eu sempre soube que tinha um chamado e que Deus tinha grandes coisas para fazer em mim e através de mim. Posicionei-me e decidi iniciar minha jornada ministerial. Guerreei por minha família, buscando ajudar meus irmãos mais novos a superarem essa separação, decidi viver o sobrenatural de Deus em minha vida, resolvi pela fé viver uma nova história. Sempre fui muita intensa em tudo, e viver o Reino de Deus, para mim é algo sobrenatural, onde me entrego por inteira.

Aos meus 23 anos, fiz um propósito com Deus, durante um ano, não cortei o cabelo, não usei nenhuma maquiagem e não me envolvi sentimentalmente com nenhum homem. Humildemente, pedindo ao Senhor que me apresentasse meu futuro marido, pois tinha um sonho: casar-me com 25 anos. Esse propósito levou-me a ter uma intimidade muito grande com Deus, pois havia percebido que o interior vale muito mais do que o exterior. A minha oração era que Deus me desse um marido, o qual me amasse pelo que carrego em meu interior, a Presença de Deus, e não pela minha aparência.

Em 2011, com 23 anos, conheci o Denis, hoje, meu marido. Fizemos um propósito de oração por um ano, e ao conversar intimamente com Deus, pedi a Ele que me mostrasse se realmente o Denis seria meu esposo. Queria ouvir a seguinte frase: "Este aqui é o seu marido!" E na verdade, não sabia como ou através de quem essas palavras viriam, mas só assim me casaria.

Um belo dia, uma missionária chegou ao meu trabalho e viu a foto do Denis, e do nada, começou a entregar uma mensagem de Deus para mim, e no final, ela disse: "Este aí é o seu marido e Deus está entregando para vocês um ministério, pois vocês são verdadeiros adoradores." Depois disso, noivamos no ano de 2012 e nos casamos em 2013, vivemos para a obra do Senhor, e nossa vida é dedicada totalmente a Ele e a nossa família.

Começamos nossa jornada na Igreja Batista Lagoinha, em Betim, Minas Gerais, e depois, fomos designados para pastorear a Igreja Batista Lagoinha, em Sorocaba, São Paulo. Com quatro anos de casamento, nasceu nosso primogênito Thomas, planejado, desejado e tão sonhado. E não paramos por aí, depois de três anos, tivemos nosso "caçulinha" Yago, planejado em oração e, também, muito desejado.

Mas então, um turbilhão de emoções, angústia, medo, pânico, tristeza e dor começaram a fazer parte dos nossos dias. De uma gestação tranquila e sem nenhuma complicação a, exatamente, na 32ª semana de gravidez, começar a sentir muitas dores. Fui para o hospital ver o que estava acontecendo, pois, não era uma dor normal.

Era moradora recente de uma novata cidade, sem apoio familiar. Já era meia-noite, fui internada sem previsão de alta. Denis estava cuidando do Thomas, que estava dormindo no carro, no estacionamento do Hospital.

Ao ser examinada, perceberam que o coração do Yago estava parando de bater, fiquei sem entender nada. Os médicos, sem saberem o motivo, resolveram fazer um parto de emergência. Ali começaram os piores dias da minha vida. Durante o parto, tive muita ânsia e um sentimento muito grande de morte. Olhei para o teto e comecei a esmorecer sem a presença do Denis, pois ele foi em busca de uma pessoa para cuidar do Thomas, que tinha apenas

3 anos. Nesse momento, clamava a Deus que, se fosse o meu fim, que Ele me acalmasse e colocasse paz em meu coração, pois, iria me encontrar com Ele. Mas queria sim, viver e criar meus filhos. E então, senti Deus me acalmando.

Yago nasceu com 1.450 kg e com dificuldade na respiração. Como meu parto foi sem sedação, ouvia tudo que eles falavam: minha placenta tinha descolado na parte de trás e tive uma hemorragia interna, onde perdi muito sangue e os médicos não encontravam de onde provinha a hemorragia. Senti-me num filme de terror e com muita apreensão e medo. O momento que me acalentou, depois dessa angústia, foi ver a face serena do Denis, que pegou em minhas mãos, olhou nos meus olhos e disse: "Está tudo bem com ele e com você." Mostrou-me uma foto do Yago cheio de aparelhos, mas ele estava estável.

Continuava ali na mesa de cirurgia, sem saber o que iria acontecer. Ao término da cirurgia, tive um processo de recuperação muito difícil. Deveria ficar de repouso absoluto, pois perdi muito sangue e estava fraca. Mesmo assim, após três dias da cirurgia, precisei estar presente no hospital acompanhando o Yago na incubadora, por longos 34 dias.

Foram dias de sofrimentos, aflição e sem a certeza do amanhã. E nisso tudo, a recuperação da saúde do Yago oscilava entre altos e baixos: febres com suspeita de infeção, não ganhava peso, tinha refluxos constantes e várias apneias. Chorava muito, mas tinha que me manter forte, pois ainda tinha meu filho mais velho para cuidar, além de casa, projetos, ministério e casamento. Chegou um momento, com muito esgotamento, que Deus começou a ministrar em meu coração: *"Filha, seu filho não está naquele lugar para morte. Você está ali por um propósito, levante-se e confie totalmente em Mim; e permita ser usada em meio a dor."*

Nesse momento, reergui-me, fortaleci-me, confiei, comecei a ajudar todas as mães a levarem o evangelho e cumpri o meu verdadeiro propósito. A partir daí, comecei a ver os milagres que Deus começou a fazer naquele hospital, não só a mim, mas a todos ao meu redor. Yago estava a cada dia melhor, recuperando-se, ganhando peso e se estabilizando, depois que me posicionei. Entendi que não importam as circunstâncias, precisamos entender que Deus está conosco e que tudo tem um propósito, que precisamos apenas ser sensíveis à voz do Espírito Santo, para que sejamos usadas por Ele. E que mesmo na dor, temos que levar o amor.

Um dia no hospital, estava falando de Jesus para as enfermeiras quando ouvi nitidamente a voz do Senhor falando para mim que meus dias ali tinham acabado e que meu propósito estava se cumprindo. Além disso, que brevemente o Yago teria alta. Alegrei meu coração, e minutos depois, o médico entrou e disse que nós teríamos alta. O Senhor é tremendo. Sei que naquele local, deixei o meu legado, e como diz em Isaías 55:11: *"Assim será a Palavra que sair da minha boca, não voltará para mim vazia, mas fará o que me apraz e prosperará naquilo para que a designei."*

Aqui o Senhor foi claro, o porquê daquela provação, minha mente foi renovada pelo Espírito Santo, bem como, minha força e minha convicção do meu propósito. Falar do Senhor e sobre suas obras é edificante, podemos não colher os frutos na hora, mas sabemos que as sementes foram lançadas e com certeza germinarão e frutificarão. Promessa de Deus sendo cumprida, sai daquele hospital com meu filho nos braços.

Cheguei em casa feliz e achei que tudo tinha acabado, mas tive uma crise de pânico. Achei que estava morta e que o que meus olhos viam não era realidade. Pensava que fecharia os olhos e não estaria mais aqui. É difícil de explicar com palavras os momentos que vivi, mesmo com tudo que o Senhor tinha feito, o inimigo queria me abater e me deprimir.

Somos seres humanos e estamos sujeitos a tudo neste mundo, mas ouça o que tenho a lhe dizer: têm guerras que precisamos de pessoas, mas têm guerras que são você e Deus. Comecei a guerrear na minha casa e não aceitar aqueles pensamentos, chorei e clamei aos pés do Senhor, pois não entendia o porquê estava vivendo aquilo. Mas Deus não nos prometeu respostas e sim renovo, transformação e restituição.

Foi através dessa certeza que venci guerreando, fortaleci-me de uma forma tão sobrenatural e tive a convicção do poder e da autoridade que Deus derramou sobre mim. Um espírito de ousadia, onde Ele me renovou por inteira e curou meus traumas e dores.

Nas lutas, percebi que Ele esteve comigo em cada segundo, que tudo que passei era para algo maior e para que me tornasse a mulher que sou hoje. Sei que todos os dias precisamos melhorar, mas esses momentos de dor fizeram que entendesse que não podemos ser moldados pelas circunstâncias vistas, mas pelo que cremos e sonhamos.

Passei por todas essas dores, um enorme trauma, um medo que parecia não ter fim, mas me levantei, não paralisei em meio à dor, voltei ainda mais forte, renovada e cheia do Espírito Santo. Com sede e fome da Palavra, valorizando cada minuto com minha família, cumprindo meu ministério sem peso, com muita alegria e vendo que a vida é muito mais feliz quando entendemos que a felicidade não está no que queremos ter, e sim, no que já temos.

Em 2022, meus irmãos retornaram para os caminhos do Senhor, e Deus tem cuidado deles. Não desista, porque para Deus, nada é impossível. Se você passou por algum momento difícil na sua vida, digo a você que Jesus não disse que seria fácil, mas Ele nos diz que o fardo d'Ele é leve e que Ele estará com você até o fim dos tempos. Em Romanos 8:18, diz: *"Considero que os nossos sofrimentos atuais não podem ser comparados com a glória que em nós será revelada."*

Levante-se em meio à dor, pois é o Senhor que nos capacita, nos renova e nos fortalece. Não paralise, caminhe, fixe seus olhos naquele que irá te renovar, fortalecer e derramar sobre você poder e autoridade. E através da sua entrega genuína de coração, o Senhor será glorificado. Leve o amor independente das circunstâncias: sua dor é o seu maior instrumento de evangelização. Onde Deus manifesta Seu poder há milagres! Você é uma mulher que inspira, seja usada por Deus, pessoas serão alcançadas e amadas através de você.

"

Mesmo na dor,
temos que levar o
amor.

Pra. Bruna Cota

Claudia Batista

Sou Claudia Fernandes Batista, empreendedora, missionária e política brasileira, nascida em Icaraíma, Paraná. Sou formada em Administração de Empresas, iniciei minha carreira de empreendedora aos 16 anos. Como missionária da Assembleia de Deus, atuo em projetos sociais e comunitários, em especial, voltados para mulheres e famílias.

Desde 2016, apresento um programa diário de duas horas na Rádio Cidade Esperança 106,9 FM, em Imperatriz, Maranhão. Há 20 anos, sou mentora do projeto Ações do Bem Criança Feliz, iniciado em minha garagem, onde ensinei valores cristãos e comportamento para crianças. Fui eleita vereadora em Imperatriz, em 2020, com mandato até 2024, e defendo os direitos das mulheres e das famílias em minha atuação política.

claudiabatistaf

claudiabatistaoficial

www.claudiabatista.com.br

DESCOBRINDO A FORÇA NA ALEGRIA E NO PODER DE DEUS: UMA JORNADA DE FÉ E SUPERAÇÃO

06

Por Claudia Batista

Em 2015, quando tudo parecia ter chegado ao fim, desmoronando várias áreas da minha vida, eu achei que não tinha mais jeito. As finanças estavam todas comprometidas. Ao ver o caos que cheguei pela primeira vez, entrei em um estado de depressão. Foram longos sete dias de puro luto, sem qualquer perspectiva de viver o que vivo hoje. Na verdade, o abalo financeiro foi claramente o mais complicado que enfrentamos, pois as finanças mexem em tudo: família, casamento, amizades, saúde, cama, guarda-roupas, enfim, abalam as estruturas de modo geral.

Enfrentar tudo sem entender que o ciclo está sendo fechado e que fui a pessoa escolhida para mudar então a vida de todos os envolvidos não parecia nada agradável para mim. Nesse momento, simplesmente, condenava-me por ver as coisas dando errado, afinal, estava vivendo uma falência, um fracasso.

Tempos mais tarde, entendi que quem acorda primeiro é o que salva e desperta o resto da turma. Nem sempre é possível prevenir uma tragédia em torno de nós, mas era possível prevenir uma tragédia dentro de mim. Envolver pessoas em nossos projetos, que não sonham como nós e que não tem a mesma visão e ousadia, é simplesmente chamar o fracasso para o projeto.

Este negócio de virar a chave realmente não é algo que me apegue muito. É uma decisão pessoal, e a chave precisa estar em nossas mãos, só você pode girar essa chave, é uma decisão seguida por uma atitude. Para mim, que sempre me sacrifiquei para agradar aos outros e para o que iam pensar e dizer, a maior dificuldade sempre foi saber dizer um "não", foi um sacrifício virar essa chave e deixar algumas pessoas para trás.

Como falei acima, todas as áreas de nossas vidas são afetadas, entrei em uma situação delicada no meu casamento, por nunca compartilhar as dificuldades de que enfrentava na loja, e seguia achando que estava resolvendo tudo. Hoje entendo o que a Bíblia fala sobre a unidade gera prosperidade, ensinado no Salmo 133.

Deus permite perdas, fracassos e desertos para nos promover. Apesar das aflições, devemos ter bom ânimo, pois Ele já venceu e nós também podemos vencer. Durante 18 anos, ocultei do meu marido as dificuldades enfrentadas na empresa, tentando resolver tudo sozinha. Quando a situação ficou insustentável, tive que contar a verdade. Aprendi que não devemos assumir papéis que não nos pertencem. De 2015 até 2020, bastaram-se os longos sete dias de luto, que pareciam não ter fim, agora vivo cinco anos de reconstrução, resiliência e ressignificação de toda minha história de vida.

Em uma dessas viradas de chave, estava às 10 horas da manhã no apartamento, quando decidi que aquele sofá não era meu lugar, levantei-me e desci para a área de lazer, lá fiz minha oração de gratidão ao meu Deus porque não tinha morrido daquela situação difícil, vergonhosa e dolorosa. Estava ali para recomeçar. Você nunca receberá um milagre, até que entenda que é de um milagre que você precisa. Daquela manhã em diante, era um dia de cada vez, mas minha vida tomava a direção dos meus pensamentos.

Sempre trabalhei com pessoas, sempre fiz projetos para estar junto à comunidade, mas nem de longe, imaginava que esse processo me faria viver essa experiência que vivo hoje. O ciclo da loja se fechava. Abria-se um novo ciclo, onde a maior ferramenta era a minha forma leve de ver a vida e de enfrentar as lutas, ou seja, minha alegria. Esta alegria, que vem de Deus, aquela que a Bíblia fala: "*A alegria do Senhor é a minha força.*" Neemias 8:10. Uau! Estava iniciando um grandioso chamado. Durante anos, meu esposo não entendia e nem aceitava muito o que estava por vir. Mas sempre procurei esperar no Senhor e viver à espera das promessas verdadeiramente para mim. Nenhum sucesso de fora valia o fracasso do meu lar.

Nestes 32 anos de casados, onde entendi que casamento é uma decisão e que decidi pelo meu casamento, ainda que a renúncia fosse aparentemente maior do que pudesse suportar. Estava ali, na brecha de viver meus novos projetos. Então tive a certeza de onde Deus fecha uma ferida, Ele abre um ministério.

Sonhava durante anos com um programa de rádio, e pasmem vocês, meu esposo era diretor de uma Tv e Rádio na cidade, pedia para ele me dar um horário só para orar por pessoas e ele, muito ético, não permitia. Em 2016, recebo um convite para ser candidata à vereadora na cidade, convite esse vindo do meu cunhado, Atenágoras, que usado por Deus, motivou-me a enfrentar um desafiador ciclo na minha vida.

Lembra aquele fracasso lá atrás, as noites em claro e os "nãos" que recebi? Pois bem, era Deus me preparando para um próximo nível que jamais havia passado em minha mente, mas para Deus, eu sempre digo "sim." A felicidade não é ausências de conflitos e lutas, mas é a busca da resolução.

A rádio agora se tornava meu prazer, meu campo missionário, minha ferramenta para chegar onde cheguei, e ainda, de lucro, meu ganha pão. De 2016 até o dia de hoje, a rádio tem sido meu consultório terapêutico, e cada feedback é meu combustível para continuar.

Só para você entender, eu nunca tinha sido locutora, tinha um desejo e uma promessa a qual me agarrei com toda minha força e esperança de recomeçar. Hoje, entendo claramente que tudo que idealizo, imagino, penso ou verbalizo Deus concretiza na minha vida. Hoje, entendo isso, mas lá em 2015, era simplesmente noites, trevas, perdas e vergonhas. Hoje, entendo que Deus queria me promover, mas estava estática, acomodada com a vida medíocre de trocar seis por meia dúzia. Deus estava sinalizando há anos com o sinal amarelo, por sua vez, eu continuava achando que o sinal estava quebrado no vermelho e eu tinha que passar a qualquer custo. Obedecer aos sinais da vida e os ciclos são extremamente necessários.

Mas não fiquem achando que daí para frente foi só vitórias e conquistas, não, no mesmo ano que ganhava uma cadeira no rádio, perdia na campanha para vereadora. Agora mais madura, bem consciente do que estava vivendo, não fiquei um dia de luto, muito pelo contrário, fui para o culto de gratidão dizer para o meu Deus que estava muito grata pelo que tinha acontecido. Não era o momento para essa vitória, ainda estava muito crua em relação à vida pública. Agora, sabia respirar e aguardar o momento certo para viver as demais promessas, claro, não disse nunca mais, afinal: "Não se pode tomar uma decisão permanente por um sentimento momentâneo." Ariana Grande. Todas as coisas cooperam para o bem daqueles que amam a Deus, até as perdas, lutas e derrotas.

Eu via nitidamente que algo que Deus tinha me dado iria resolver uma derrota que Ele mesmo permitiu. Eu entendi que dobradiças pequenas abriam portas enormes. Cresci tanto na luta, que aprendi sobre o Salmo 23: *"O Senhor é o meu pastor"*; nada tem me faltado, nem lutas (risos).

Para ser promovido por Deus, é preciso estar atento às decisões que tomamos durante as crises. As lutas e os caminhos que trilhamos abrem portas para aqueles que virão após nós. Durante nossa jornada, Deus revelará as pessoas que estão ao nosso lado. Então, aproveite e pare de tentar ressuscitar pessoas que já saíram de sua vida. Todo momento desafiador gera um vencedor que não desistiu. Você está lendo este capítulo e acredito que estou aqui para estender minha mão e incentivar você a escrever seu próprio capítulo, para ajudar outras pessoas a alcançarem seus sonhos e objetivos. Se conseguimos, você também pode conseguir. Muitas vezes, queremos que as coisas se resolvam rapidamente, mas isso não é sempre possível. Experimentei fracassos por não ter o conhecimento necessário.

Algumas pessoas desistem no meio do caminho ou logo antes da vitória, ficando frustradas e desiludidas pelos fracassos, perdas e bloqueios que enfrentaram, incluindo palavras negativas de outras pessoas que travaram sua mente. Como diz Augusto Cury: "Sábio é o ser humano que tem coragem de ir diante do espelho da sua alma para reconhecer seus erros e fracassos e utilizá-lo para plantar as mais belas sementes no terreno da sabedoria." É hora de recomeçar, e convido você a viver de verdade.

A decisão de mudar e ressignificar é essencial para continuar no propósito. Para recomeçar com sucesso, é necessário mudar a perspectiva, pois a insatisfação é a semente da mudança. A partir dessas mudanças, comecei a buscar novas oportunidades e investir em mim mesma. Decidi buscar conhecimento, ouvir mais, buscar áreas que sempre tive interesse e, cada vez mais, compartilhar minhas experiências e aprendizados com outras pessoas, como estou fazendo agora.

Entenda que é a necessidade que gera a oportunidade, nas situações mais difíceis e desafiadoras, é possível encontrar uma nova perspectiva, com determinação e persistência podemos superar nossos medos e limitações, além de alcançar nossos sonhos mais audaciosos. Acreditem, alguns irão entender isso hoje, com 40 anos, outros com 50 ou até mesmo com 60 anos, não importa a idade, o que importa mesmo é a sua decisão de mudança. Precisamos enfrentar nossos medos e limites.

Em um treinamento, a minha chegada foi celebrada com lágrimas e com a certeza de que enfrentaria tudo novamente, se fosse necessário. A sensação de vitória sobre o medo foi indescritível. Embora eu não relate aqui os desafios do curso, fiquei imensamente orgulhosa de mim mesma. Ao entrar pela porta da minha conquista, sei que há várias outras portas para explorar. Amanhã, quando acordar, muitas coisas terão mudado, algumas pessoas já terão se recuperado e outras infelizmente não estarão mais entre nós. Como diz minha mãe: "A vida é como um teatro, hoje estamos no palco, amanhã na plateia." É saber que não são os momentos que nos definem e sim as decisões que tomamos em nossas vidas.

Estou registrando o início de uma nova jornada em minha vida, finalmente, estou deixando para trás as experiências vividas com suas dores e vitórias, para impactar a vida de outras mulheres que, assim como eu, enfrentaram desafios para alcançar seus sonhos. É hora de começar um novo capítulo e permitir que seus sonhos adormecidos se tornem realidade. A sua hora chegou!

"

Nem sempre é possível prevenir uma tragédia em torno de nós, mas é possível prevenir uma tragédia dentro de mim.

Claudia Batista

Claudia Nascimento

Sou Cleudiana Nascimento Sampaio, mais conhecida como Claudia Nascimento. Nasci em Santo Antônio dos Lopes, Maranhão. Sou casada com Deurilson Sampaio, mãe de Bianca, Akio Montaury e Eloáh. Atuo, empresarialmente, em vários seguimentos.

Quem me vê hoje não imagina a extensão da escada e a quantidade de degraus que percorri para chegar aonde estou. E com temor a Deus, coragem, foco e disciplina, venci meus maiores desafios. Aqui quero compartilhar a história de uma garota que teve que sair para o mundo sozinha, aos 10 anos de idade, para enfrentar os desafios da vida. Sou muito grata a Deus por sua proteção e bondade nesta trajetória.

claudia_nascimento1010
sunshinefactoring
cncred

DE EMPREGADA DOMÉSTICA A EMPRESÁRIA DO SETOR FINANCEIRO

07

Por Claudia Nascimento

Nascida em Santo Antônio dos Lopes, onde se concentra o maior complexo de geração de energia termoelétrica e gás natural do Brasil. Nasci com todo o combustível necessário para transpor obstáculos. Sou a terceira de nove irmãos, filha do agricultor, Pedro dos Reis Nascimento, e da dona de casa, Maria da Silva Nascimento.

Mudei, aos 3 anos de idade, para a cidade de São João do Paraíso, no Maranhão, cidade pela qual tenho grande apreço e guardo boas memórias dos anos que vivi ali. Foi nessa cidade que dei início a minha trajetória no empreendedorismo, com apenas 7 anos de idade.

Por necessidade, comecei a trabalhar muito cedo, levantava-me às 4h30 da manhã para ajudar a fazer o cuscuz de arroz (prato típico servido no café da manhã maranhense), que eu mesma vendia, indo de porta em porta. Determinada a ajudar no sustento da minha família, estava sempre encontrando uma forma de ganhar dinheiro ou mantimentos para ajudar em casa.

Trabalhava na roça, vendia iguarias, como bolo, pirulito na tábua, cajá e buriti, que eu mesma colhia em brejos ao amanhecer do dia. Poderia usar meu tempo como uma simples criança, para brincar e não me preocupar com nada, mas a força para transpor barreiras e vencer na vida estava além da minha pouca idade.

Aos 10 anos, surgiu a oportunidade de trabalhar de uma forma mais organizada, foi então que me desloquei para Goiânia, capital de Goiás, para cuidar de um casal de idosos, amigos de meus pais. Foi um período de muito aprendizados e experiências. Trabalhar fora de casa e da minha cidade era um desafio praticamente vencido, morei lá durante um ano. Retornei para São João do Paraíso e, em pouco tempo, estava de mudança para Porto Franco, também no Maranhão, onde também fui trabalhar de doméstica em casa de família.

Em 1986, tive a oportunidade de me mudar para Imperatriz- MA, o novo não me trazia receio, pelo contrário, estava convicta de que alçaria desafios maiores. Não tinha parentes e nem amigos. Havia somente uma conhecida da minha família que residia na cidade, foi na casa dela que fiquei até conseguir uma casa para trabalhar.

Não demorou muito, em uma semana consegui. Fiquei feliz pela conquista, mas desapontada, pois assim como os outros empregos anteriores, não tinha remuneração e, como doméstica, iniciei em Imperatriz trabalhando apenas pelo alimento e para ter um local para morar.

Nunca aceitei o fato de trabalhar sem remuneração, incomodada com a situação, estava sempre procurando novas oportunidades e, assim, trabalhei em várias casas de família. Determinada a vencer na vida, mesmo com todo o esforço e empenho, não conseguia mudar a minha condição.

Insatisfeita com o fato de trabalhar de casa em casa e não ser paga pelo meu trabalho, pedi a meu pai que alugasse um quartinho e deixei claro que eu mesma iria arcar com as despesas, assim ele fez. A partir daquele momento, eu me sustentaria integralmente. Meu pai gentilmente atendeu meu pedido e trouxe uma mesa de madeira artesanal, um fogão de duas bocas, algumas louças, rede, e assim, estava tudo pronto. Minha primeira moradia, onde dividia quarto com minha irmã mais velha, Nalda Nascimento.

A partir daí, consegui meu primeiro emprego remunerado, o que recebia era apenas comissão e nunca chegava à quantia de um salário-mínimo. Também não tinha registro em carteira de trabalho e tudo era muito incerto. Muitas vezes, fiquei desempregada e, quando isso acontecia, era muito difícil, passava por necessidades e privações.

Foi nessa época que me separei da minha irmã, pois não tínhamos como pagar o aluguel, ela foi morar com uma amiga e eu voltei a trabalhar como doméstica na casa da Jesus, irmã de uma amiga, filha de uma senhora muito generosa, que vez ou outra, dava-me um prato de comida. Passou um tempo e voltei para o comércio novamente, com as mesmas incertezas e dificuldades. Desde pequena, desenvolvi a habilidade de viver com pouco, e assim segui em frente.

Contudo, mesmo em meio às dificuldades, sempre tive um coração grato e era feliz com o que tinha e com o que não tinha. O meu foco nunca foi no que não tinha, mas no que podia ter. E assim era grata por tudo, por cada novo dia, entendia que cada dia era uma nova oportunidade, assim seguia agradecendo por cada acontecimento, como faço até hoje.

Afinal, tudo soma de um jeito ou de outro, é assim que a gente cresce e amadurece. Crescendo com os acertos e amadurecendo com os infortúnios da vida. Lembro-me de que não era muito sonhadora, mas me empenhava dando o meu melhor em tudo que me dispunha a fazer.

Assim fui caminhando, passei por altos e baixos, não podia me dar ao luxo de escolher o lugar onde residir, devido à incerteza dos meus ganhos, assim tive que morar em lugares que tinham todo tipo de gente. Nessa época, cantava no coral da igreja, participava de grupos de jovens e minha vida se resumia em trabalho, escola e igreja. Essa rotina foi muito importante para mim, pois estava sempre alimentando a minha fé e me aproximando de Deus. Lá também fiz boas amizades.

Morar sozinha me fez se sentir pai e mãe de mim mesma, por pensar assim, tinha o cuidado que meus pais teriam por mim, assim me tornei seletiva com pessoas, lugares e ambientes. Essas escolhas me fizeram passar por vários lugares e pessoas sem me contaminar com elas. Sempre carreguei a presença do Espírito Santo, isso fez total diferença na minha caminhada, fui movida por princípios e valores que nunca abri mão e isso me fez fazer boas escolhas.

Minha vida começou a melhorar quando tive meu primeiro emprego com carteira assinada e um salário-mínimo, como já estava acostumada a viver com pouco, passei a multiplicar o que sobrava. Como o empreendedorismo era algo latente em mim, comecei a comprar produtos e os revender. Fui fazendo o dinheiro trabalhar ao meu favor.

Alinhada com meu atual emprego, comprava e revendia confecções e, com o passar do tempo, fui ganhando notoriedade e conquistando credibilidade. As pessoas já confiavam em me conceder roupas em consignado. O volume de vendas foi aumentando e, com essa movimentação, fui fazendo caixa. Havia a prestação de contas e eu sempre reinvestia o que ganhava.

Como as vendas estavam em expansão, senti a necessidade de alçar outros voos. Sai do emprego com os direitos rescisórios e mais o capital que já tinha conquistado, passei a viajar para os grandes centros de compras do Brasil. Com a reserva que tinha, pude aproveitar melhor as oportunidades de negócios, comprando boa parte à vista, aproveitando os descontos e melhorando minha margem de lucro.

Minha vida começou a melhorar, significativamente, quando trouxe meus irmãos para morar comigo, passamos a morar todos juntos, éramos 6 vivendo com a expectativa de uma vida melhor. Depois da primeira viagem com mais opções de mercadorias, fui em busca de novos clientes, as vendas foram crescendo cada vez mais.

No ano de 1993, com o crescimento das vendas, veio a necessidade de abrir a minha primeira loja: Sunshine Boutique. Tinha conquistado um leque considerável de clientes, sentia-me confortável para desenvolver esse novo empreendimento.

Com o passar do tempo, minhas colegas de trabalhos perceberam que eu trabalhava com reserva, pelo fato de sempre aproveitar as oportunidades de descontos para compras à vista e quase não usar o cheque pré-datado. Foi então que comecei um outro nicho de negócio, emprestando dinheiro para minhas colegas de profissão. O negócio foi crescendo, foi então que senti a necessidade de regularizar a empresa, nascia ali a minha primeira empresa de serviços financeiros, agora tinha dois negócios em movimento.

Deus, em sua infinita bondade, permitiu-me crescer nesse novo negócio também. O excedente originado nesse novo projeto me possibilitou fazer investimentos e empreender em mais outros seguimentos. Mesmo com o nível financeiro crescente, sempre vivi um padrão abaixo do que poderia ter. Cultivei um estilo de vida equilibrado. Acredito que quando se honra princípios, Deus cumpre promessas. Todos temos o DNA do Criador, nascemos para ser próspero, este é o plano de Deus. Não usar os dons e talentos que Deus nos deu é uma fuga do plano original. Mas assim como a terra prometida, temos que conquistar.

Tudo que nós precisamos para crescermos e nos desenvolvermos está dentro de nós. Na natureza, nada nasce grande ou pronto, é preciso nos desenvolvermos e nos capacitarmos. É preciso nos conhecermos, sabermos quem somos e para onde vamos. Quais os princípios e valores que nos movem, o autoconhecimento é um fator muito importante para tomada de decisões. Quando temos essa consciência, não nos sentamos a qualquer mesa, assim evitamos muitos caminhos errados.

No ano de 2000, conheci meu esposo, Deurilson, 2 anos depois, casamo-nos. No final de 2002, nasceu minha primogênita, Bianca. Logo em seguida, Akio e Eloáh. Em 2007, minha família estava completa, estava feliz e realizada.

Trilhei uma árdua caminhada e ultrapassei vários obstáculos que revelaram a força que havia em mim e a bondade de Deus em me fazer triunfar apesar de todas as dificuldades. Força e persistência eram as únicas formas ou fórmulas para o êxito que almejava alcançar.

Uma mulher forte sabe que é correndo riscos que os medos serão vencidos e que cada obstáculo é uma oportunidade de aperfeiçoamento e crescimento. Somos seres divinos. Conecte-se com sua verdadeira essência, com toda a fonte de sabedoria e abundância. Ao vibrar essa consciência, você expande o seu potencial. Creia em uma nova realidade para sua vida, transforme a si mesmo e tudo ao seu redor também será transformado.

Somos o resultado de tudo que vivemos, seja criteriosa com o que você alimenta, filtre o que pensa, vê, ouve e fala. Seja seletivo com lugares, pessoas e ambientes para que você não se torne o que você não quer ser. O mundo é como vemos e sentimos, faça suas escolhas alinhada com seu propósito. Ninguém segura uma mulher que descobriu o seu real valor. Você tem valor. Seja renovada por Deus para crer que Ele pode mudar a sua história, assim como ele mudou a minha. Avante!

"

Ninguém pode parar uma mulher que sabe quem ela é, conhece o seu valor, tem uma visão e um propósito claro e definido.

Claudia Nascimento

Pra. Diana Carvalho

Sou a Pra. Diana Carvalho, casada há 24 anos com pastor Rogers Ramon, mãe de Maria de Fátima e Ana Maria, avó de Daniel Ramon, a alegria da casa. Filha do pastor Cipriano e pastora Ana Maria.

Sou graduada em Educação Física, pastora, *master coach* e diretora do Instituto Dinamis, empresa responsável pelo setor de Recursos Humanos. Sou escritora do livro *Sonhos de Mulher e Alegria de Mulher*. Estou mentoreando mulheres de corpo, alma e espírito através dos dons espirituais e talentos profissionais adquiridos ao longo da minha jornada, desde 2011. É a missão de vida que abraço todos os dias, junte-se também a mais de 30 mil alunas renovadas através do método *New Woman*.

dianacarvalhooficial

Diana Carvalho

DEUS ME QUER SAUDÁVEL 08

Por Pra. Diana Carvalho

Deus me diz: *"Filha, eu te quero saudável no corpo, assim como vai a tua alma."* 3 João 1:2

05 de julho de 2014, acima do peso, sentindo-me cansada e com a autoestima muito baixa, buscava intimidade com Deus, o Espírito Santo, com Sua santa honestidade, exorta-me e lança uma palavra de destino:

"Seu excesso de gordura é um reflexo de sua indiferença espiritual. Andai no Espírito e deixe de investir nas coisas da carne. A motivação para se cuidar fisicamente e emocionalmente vem da intimidade genuína comigo. O verdadeiro adorador caminhará com a motivação que Cristo lhe deu em seus momentos íntimos. E nada vai lhe parar!

Minha filha, quero você linda aos seus olhos, que faça sua alimentação e suas práticas de atividade física com a mesma disciplina que me procura espiritualmente, preciso que seja um exemplo de mulher virtuosa em todas as áreas. Quero usar você nesta geração em áreas que nunca utilizei antes, você será única e exclusiva, ungirei-te com uma unção esplêndida para um intento especial nesta nação, você ensinará muitas mulheres amigas íntimas, apresentarei a você milhares de mulheres que precisarão do seu exemplo e de sua influência; seja voluntária, disciplinada, entusiasmada com as tarefas que confio a você.

Ensine sobre qualidade de vida, saúde e alimentação saudável, atividade física que modele o corpo no biotipo de cada mulher. Continue a me adorar e a me buscar com esta sede, ensine sobre intimidade genuína e crescimento espiritual.

Você já entendeu que a verdadeira beleza vem do meu doce Espírito. E todos os dias serei seu termogênico, aquele que aquece e anima direto do seu espírito, para fluir emocionalmente força para uma rotina equilibrada, em todas as áreas da sua vida. Sua casa, cônjuge, filhas, neto, ministério, ou seja, tudo cuidarei.

Eu lhe fiz linda, seu biotipo físico tem a estrutura que planejei para uma missão que é só sua. Preciso que preserve a obra que desenhei em sua vida, não desperdice minha obra. Agora, concentre-se em emagrecer com saúde, equilíbrio, temperança e domínio próprio; aja em tudo no Espírito. Entenda que à medida que me obedece nesta missão, Eu te encho de unção ainda mais.

Observe sua vida hoje e, daqui alguns anos, até meses, farei de você uma mulher tão notável, tão notável! Você não pode imaginar o que farei com sua beleza (corpo, alma e espírito). Vou te sustentar em tudo, darei-te tudo que precisar. Não precisa sair comprando tudo que desejar, Eu quero te presentear, Sou Seu Amado Noivo, Eu quero te constranger em amor! Eu amo presentear! Ensine as mulheres a se amarem de corpo, alma e espírito."

Um ano depois, refletindo sobre os acontecimentos que vieram em um prazo de um ano, depois deste encontro com Deus, comecei com dietas e exercícios, confesso que não fui disciplinada no início, mas percebi como estava mais feliz durante o dia, pelo simples fato de estar mais saudável. Nosso corpo absorve toxinas dos alimentos que ingerimos, como também nutrientes do que comemos.

Se minha alimentação é mais saudável, meu corpo reflete em um bem-estar muito agradável. Dormimos melhor, o mal humor vai embora com mais facilidade. Se Deus nos ensina como adquirir equilíbrio emocional com alimentação saudável, por que vou rejeitar este ensinamento? Nossas emoções, a maioria delas, são frutos de hábitos que decidimos incluir em nossa vida. A boa alimentação e exercícios diários são meios de se adquirir domínio próprio. Não rejeite essa maravilhosa oportunidade.

Mesmo formada em Educação Física e especialista em emagrecimento feminino, queria manter o controle das minhas emoções somente pelo poder da Fé. Queria continuar com meus hábitos errados e colocava toda culpa na minha vida de oração. Achava não estar espiritualmente suficiente e caía no erro de tantos jejuns e consagrações de forma exageradas, sem propósitos certos.

Na tentativa de conseguir agradar ao coração de Deus, ouvia Ele me apontar coisas tão simples, não conseguia acreditar que seria uma disciplina alimentar saudável, uma rotina de atividade física regular e teria que aplicar em minha vida. Não conseguir cuidar da minha alimentação desenfreada era resultado de uma crise de identidade.

"Experimenta, peço-te, os teus servos, dez dias; e que se nos deem legumes a comer e água a beber." Daniel 1:12

Cansada de tanta exortação espiritual, resolvo dá uma chance a disciplina nutricional, voltei às aulas e continuei a caminhada de oração. Incrível! Emagreci poucos quilos, o efeito da dieta balanceada trouxe um equilíbrio emocional maravilhoso. Como sempre fui ativa na palavra da fé, na consagração, na oração, na adoração e na busca por mais de Deus, sempre preocupada em não me moldar aos padrões desta terra, e sim, da palavra de Deus, inicio a jornada, que percebo ser por toda vida.

"E não vos conformeis com este século, mas transformai-vos pela renovação da vossa mente." Romanos 12:2

A perfeição do corpo físico não é o meu foco. Mas persigo estar sempre bem nas emoções, manter o bem-estar em nível de físico e mental, trazendo a minha rotina e a disciplina. E por quê? Porque quero agradar a Deus em todas as áreas, inclusive no padrão de corpo que Ele escolheu para mim.

O corpo dos sonhos, pastora Diana Carvalho?

Deus me desenhou, alinhada e proporcional a minha estrutura óssea e muscular, não posso querer modelar de forma diferente, com excesso de gordura e nem o contrário, com excesso de músculos. O corpo dos sonhos para uma mulher de Deus é a disciplina de conquistar o corpo que Deus sonhou, que Ele desenhou para cada uma de nós. Meu biotipo faz parte dos planos de Deus para minha vida.

Meu biotipo é perfeito? Abraço meu biotipo, aceito minha real identidade de corpo, alma e espírito, renovando-me nos exercícios da fé diariamente. Ano de 2023, reunindo os testemunhos para trazer a este material, encontro em minha caixa de e-mail este relato, que enviei para um outro e-mail pessoal, no objetivo de arquivá-lo. Lembro-me de sentir no meu espírito que um dia iria utilizar essa experiência como ensino.

Frutifica nove anos depois, mas deixa eu te contar como anda minha saúde física: zero açúcar, zero trigo refinado branco, zero gordura, zero lactose, zero glúten, zero refrigerantes e zero conservantes. Não sinto falta nenhuma desses prazeres carnais em minha rotina. Muito raro, permito-me uma pequena porção de doce, sempre com moderação. Minha rotina de exercícios matinais, sempre com foco e sem enrolação.

Ir à academia é como ter uma reunião com o presidente da República, é de extrema importância. Meu percentual de gordura é quase de uma atleta, minha massa muscular está superdesenvolvida, acordar cedo agora é prazeroso de corpo, alma e espírito. Antes, acordar e levantar da cama era uma tortura emocional. Hoje, tenho resistência para trabalhar os quatro turnos: manhã, tarde, noite e até as madrugadas, desde que sejam agendadas respeitando a rotina de descanso. A gestão da semana, diante das demandas de responsabilidades que Deus me trouxe, exige um olhar mais disciplinado.

Costumo dizer que meu corpo é a locomotiva da glória de Deus, e que Deus quer me usar até os meus 120 anos nesta terra e, até lá, estou disposta a cuidar com disciplina e foco para conseguir levar sua doce mensagem às estações da vida que Ele vai me direcionando.

40 anos, meu esposo diz: "Amor, você está na sua melhor versão, está mais linda, mais forte emocionalmente, mais magra, mais modelada, mais madura e mais amável." Meu único objetivo aqui é te ensinar como mentora guiada pelo Espírito Santo, ensino-te não só porque sou profissional na área da saúde física e emocional, li um livro, fiz um curso ou penso que posso te mentorear. Ensino-te guiada pelo Espírito Santo, aprendi com Ele na prática e diante de Deus, dos erros que cometi e dos frutos que colhi, nos anos de desobediência. Não desejo para nenhuma mulher. Você encontra meu testemunho completo nos livros de minha autoria, amada irmã, Deus me quer saudável de corpo, alma e espírito.

Agora, pega esta disciplina que já existe em você, em alguma área da sua vida, copia e cola na sua saúde, copia e cola na sua vida emocional, copia e cola na sua vida espiritual e desfrute dos melhores anos da sua vida até então. A mulher, que anseia viver uma nova estação de bons frutos e não volta aos olhos o que precisa ser feito de básico bem-feito todos os dias, não experimenta o renovo.

Uma pesquisa da *Cornell University* estima que um adulto tome, em média, 35 mil decisões por dia. Os hábitos existem para tomar a maioria dessas milhares de decisões de forma automática e nos permitirem utilizar o cérebro para outras atividades. Charles Duhigg chama de *O Loop do Hábito*: *deixa* (ou gatilho) é o que desperta nosso interesse por uma recompensa; a *rotina* é a ação em si; a *recompensa* é a gratificação que seu cérebro recebe por realizar a *rotina*.

A proposta aqui é uma nova rotina inclusa em seu dia, com hábitos agora virtuosos e que resultarão no renovo. Permita-se viver esta nova estação, Deus te quer saudável de corpo, alma e espírito. Sua nova rotina saudável em perseverança te levará direto ao processo do renovo de corpo, alma e espírito. Seja proposital, seja intencional! De presente, deixei um *e-book* para *download*, que irá te auxiliar na construção de uma nova rotina virtuosa. Acesse o QR code e seja bem-vinda aos planos de Deus.

Equilibrar a minha entrega de corpo, alma e espírito lançou meu chamado direto à estação mais explosiva da minha vida ministerial, profissional e pessoal. Deus abençoe poderosamente, em nome de Jesus. Já estou ansiosa para ouvir seu lindo testemunho de renovo. Você no seu biotipo físico saudável, mais leve emocionalmente, mais forte espiritualmente e renovada. Meu Instagram é seu "coachtório." Te espero lá!

"A nova estação de renovo é totalmente dependente de uma rotina virtuosa e do básico bem-feito todos os dias.

Pra. Diana Carvalho

Edivania Matos

Sou Edivania Matos, casada há 22 anos com o Pr. Elismar Oliveira, meu melhor amigo, companheiro e meu pastor ungido. Frutos deste amor, temos um casal de filhos: Maria Eduarda Matos, adoradora e ministra do evangelho, e João Pedro Matos, um adorador por excelência, resposta do primeiro milagre na nossa casa. Lidero mulheres desde 2007, há 16 anos nesta missão, que é meu maior prazer.

Pastoreio com minha linda família a Comunidade Evangélica Shalom, na cidade de Senador La Rocque, no Maranhão. Também sou empresária no ramo de hotelaria, na cidade de Imperatriz, no Maranhão. Minha missão é cuidar de pessoas, impulsionar vidas a amarem Jesus e se tornarem ganhadoras de almas.

edivaniamatos

edivania_matos8

Pra Edivania matos

O MILAGRE DA RENOVAÇÃO

09

Por Edivania Matos

Há nove anos, no ápice do meu ministério, liderando uma célula de mulheres, a qual foi onde comecei meu desenvolvimento ministerial, fui desafiada, juntamente a minha família, a pastorear uma igreja que ficava a 26 km da cidade que morávamos. Tudo muito novo para nós, liderar uma célula já era bem desafiador, mas uma Igreja, meu Deus!

Será que iríamos dar conta de tal responsabilidade? Será que sairíamos do conforto do nosso lar, o qual morávamos desde quando nos casamos? Mas uma das primeiras coisas que aprendi foi que: "A zona de conforto nunca foi o lugar propício para quem queria crescer na vida e no Reino do Espírito."

O medo veio, a insegurança também. Topamos, ou melhor, decidimos obedecer ao comando dos nossos mentores, apóstola Antônia do Carmo e apóstolo Noé Bezerra, afinal, era necessário ativar a fé que havia dentro de mim, para alcançar um nível maior na minha trajetória ministerial.

Após a decisão tomada e firmada no coração e entendimento, deparei-me com o inesperado: diagnóstico de câncer no seio. Mulher nenhuma espera receber um diagnóstico tão avassalador. Em abril de 2014, meu esposo ao tocar os meus seios, sentiu um pequeno nódulo. Programei uma consulta com especialista, na correria do trabalho diário e do ministério, deixamos para o 'depois eu vejo', sem imaginar a hipótese de um câncer de mama.

Começamos a busca para saber sobre o pequeno nódulo descoberto na mama direita. Consultas, ultrassons e um nome desconhecido para mim naquela época: a famosa punção. Então, naquele dia de muita dor, mediante vários exames, próximo de completar meus 33 anos, saí dali como uma mulher normal que estava fazendo seus exames de rotina. O resultado sairia em 10 dias. Enfim, chegou o dia de retornar a clínica para receber o diagnóstico. Curiosa como toda mulher, abri aquele exame. Percebi que a descrição era estranha e dizia: "carcinoma ductal invasivo (ou infiltrante)."

Peguei rapidamente meu celular para perguntar ao "Dr. Google" o significado daquele nome esquisito que estava lendo. Quando surgiu a confirmação que seria, sim, câncer de mama, tirei rapidamente a visão e afirmei: "Este celular está louco!" A médica também esperava para ler o mesmo, entreguei prontamente aquele envelope à secretária Elisângela. Quando ela retornou, percebi que estava meio estranha e afirmou: "Pastora, a doutora gostaria de falar com você."

Fiquei surpresa e achei esquisito porque a médica não estava em seu consultório de atendimento e sim em uma sala particular de descanso. Ela olhou fixamente em meus olhos e disse: "Dona Edivania, agora chegou um momento necessário, somente para você. Dê um tempo da igreja e de cuidar de pessoas, agora é preciso um tempo exclusivamente para você se cuidar. O seu exame deu *positivo*." Agora abro parênteses (podem rir de mim, sim), porque dentro de mim, disse: "Amém! Positivo é coisa boa."

Logicamente, eu, como alguém que ama cuidar de vidas, e a médica afirmando que deveria dar um tempo de cuidar das mesmas, disse: "Está amarrado em nome de Jesus. Saí da boca dela, diabo!" Mal sabia que Deus estava levando-me a um vale de muito aprendizado e que esse processo doloroso seria para me levar a um nível mais profundo de fé que professava. Afinal, o vale não é para nos matar, e sim, para nos moldar e nos aperfeiçoar.

Então ali estava eu, preparando meu psicológico para o tão terrível tratamento, em uma segunda-feira, sendo apoiada e amparada pela minha irmã Eliane Matos. Uma pausa para falar desta mulher. Uau! Meu Deus! Uma apoiadora de sonhos, incentivadora de tudo que conquistei, além de ser minha irmã, é uma amiga leal e fiel. Ali estávamos diante de uma oncologista, que estava a me instruir sobre cada procedimento que iria me submeter. Entre eles, a terrível quimioterapia, em seguida, a mastectomia radical e, para finalizar, radioterapia. Realmente, tinha sido acometida de uma terrível doença. Porém, sabia que não era para morte, mas para que o nome do meu Deus fosse glorificado através da minha vida.

Saímos daquele consultório, entrei no carro, olhei para minha irmã e disse: "Meu Deus, Eliane, é sério mesmo?" Comecei a chorar. O medo e o pânico de entrar em algo novo, mesmo que fosse para minha cura, era assustador. Afirmava continuamente: "Ninguém está preparado para o novo, sendo ele bom ou ruim."

Chegando em casa, fui conversar com Deus. Uma conversa bem esclarecedora. Ansiava saber se Ele realmente estaria comigo nesse deserto. Imediatamente, ouvi em meu interior, o seguinte comando: *"Abra a minha Palavra (Bíblia), que Eu vou falar contigo."* Com a Bíblia em mãos, a direção que tive foi ler o texto de Isaías 43. Finalizando a leitura do texto, fui renovada, levantei-me do pó e das cinzas e me senti pronta para passar o processo que Deus tinha escolhido para mim. Afinal, o processo promove legado de autoridade no deserto e nos capacita para níveis maiores.

Tomei posse da minha vida, de toda a vida que Deus estava liberando sobre mim. Estava pronta para passar pelo processo de milagre, que traria uma renovação na minha alma, corpo e espírito. Começou no corpo, com a quimioterapia, perdendo meus lindos cabelos loiros. Logo após, a quimioterapia, a mama direita e, por fim, a pele, com a radioterapia.

Ao todo foram 20 meses de tratamento intenso e doloroso, porém de um aprendizado único. Passei pelo deserto, vale e escola de Deus. Todo esse processo me fez chegar e me tornar a pessoa que sou hoje: uma mulher cheia de fé e de renovação.

Às vezes pensamos que as provas, as quais Deus nos faz enfrentar, são para nos matar. Isso nunca será a finalidade de Deus. Para tudo, Ele tem um propósito. Temos que permanecer firmes. Uma vez, o Senhor falou comigo: *"Filha, devemos obedecer aos mandamentos, mesmo quando não entendemos o propósito deles."* Ah! Como é difícil entender os planos de Deus, mesmo quando eles são vistos a olhos nus, como eu vi. É pela obediência e fé que garantimos o favor de DEUS a nós.

Quero dizer para você, leitor (a): Deus te levará a lugares inimagináveis. Mas para você chegar até lá, você conhecerá Deus em um nível maior de profundidade. Para Ele entregar algo em tuas mãos, Ele irá te preparar primeiro. Esse "preparar" tocará em algumas áreas da sua vida que necessitam de ajustes, corrigindo o que está incorreto. Vai doer, mas não se preocupe, Deus está com você no meio de tudo isso. É no teste do deserto que DEUS prova a nossa fidelidade.

Você só falará com propriedade de algo em sua vida, quando você passar pelo teste, seja ele qual for. Passei pelo câncer, com você, pode ser casamento, saúde, finanças e/ou família. O processo nos dá legado de autoridade no deserto e nos capacita para níveis maiores. Tenho certeza de que os momentos difíceis, que você está enfrentando, libera sobre você autoridade e poder de Deus para vencer, como eu também venci.

Depois de passar por toda essa trajetória e percurso de milagre, o novo de Deus chegou. Com a etapa de tratamentos humanos concluída, ali estava eu recebendo, da parte de Deus, cabelos novos, corpo novo e uma mama nova; sendo restaurada na alma, corpo e espírito. Eu tinha certeza de que o texto de Isaias 43 se cumpriria sobre a minha vida. Em todos os momentos, meu Amigo leal, o Espírito Santo, esteve comigo.

As tuas dificuldades fazem parte do percurso para chegar ao teu milagre. Não desista! Não existe trajetória difícil que Deus não possa mudar. Precisamos somente confiar e perseverar. Uma vez ouvi, de um grande homem de Deus, a seguinte frase: "Existem milagres instantâneos e existem milagres processuais." Ali entendi que o meu milagre era processual, pois Deus queria se revelar a mim de uma forma diferente. Entendi e mergulhei a fundo nesse processo, mesmo sendo doloroso como foi. Eu não tinha que ter medo, você também não pode deixar o medo sufocar sua fé.

Se cremos que a última palavra é do Senhor, por que iremos temer as palavras contrárias? É a Sua palavra que irá prevalecer. Entenda uma coisa: Deus não mudou de ideia porque você está passando uma dificuldade, Ele continua firme no que te prometeu. Eu venci porque acreditei em uma palavra de vida sobre mim. Em meio ao caos, ao medo e ao pânico. O meu comportamento era e sempre foi de quem iria sair vitoriosa no final. Entendi uma coisa que ecoava em minha alma: não foque no hoje, foque no que Deus estará fazendo amanhã. Você pode superar o inevitável.

Nem sempre esperamos ou estamos preparados para o que jamais pensamos em viver nesta vida, sejam quais circunstâncias surgirem. Mas posso afirmar que sempre será algo que iremos superar, e para vivermos a superação, vamos aprender muitas coisas, dentre elas, reconhecer que dentro de nós existe uma pessoa muito forte e destemida.

O inevitável nos faz ativar tantas coisas em nós: fé, coragem, ousadia e, o maior gigante dentre estes, o medo. O inevitável denomina-se: lutas, desertos e tempestades, que vem para nos assolar e destruir. Tudo isso é para testar a nossa fé e nos levar a níveis de maior intimidade com nosso Deus. Em toda circunstância, Jesus nunca nos deixará a sós. Aprenda a lutar e a não baixar suas armas espirituais, pois a sua postura no dia da guerra irá revelar se será bem-sucedida em vitória ou não.

Essa postura exigirá que você trilhe pela rota da obediência. Quando nós amamos a Deus, nós ouvimos e obedecemos a Sua voz. Mesmo que não possamos entender o que Deus deseja de nós, sempre teremos que obedecer. Quando Deus nos pede obediência, Ele proverá o sacrifício. Então, só nos resta obedecer. Através da obediência, iremos superar o inevitável com muito louvor e alegria. Nosso Deus já tem data e hora para que ela chegue ao fim.

Não permita que a desistência fale mais alto que o desejo de vencer. Tememos o inesperado e sabemos que não é nada fácil enfrentar problemas e encarar o desânimo. Mas não estamos a sós. Devemos confiar e ter fé sem duvidar. São pela obediência e fé que garantimos o favor de Deus a nós. Nós somos o resultado da fé que proclamamos. Você nasceu para dar certo. Prossiga, não pare! Deus abençoe a sua vida com toda sorte de bênçãos!

"

Com Deus, você pode superar o inevitável.

Edivania Matos

Eliane Barbosa

Sou casada com meu melhor amigo, Wilson Alves Barbosa, homem que sempre almejei ter como esposo. Tenho três filhos: Matheus (filho dos sonhos), Anny Beatriz (filha desejada) e Lucas Emanuel (filho inesperado). Moro na cidade de Imperatriz, no Maranhão. Sou empresária no ramo de hotelaria, *coach* integral sistêmica (Febracis), pastora e supervisora de campo da Comunidade Evangélica Shalom, na mesma cidade.

Assessora regional e preletora da ADHONEP (Associação de Homens de Negócios do Evangelho Pleno) e formada em Teologia pelo Instituto IBTS (Instituto Bíblico Teológico Shalom).

elianebarbosa_coach

elianematos

A MELHOR DECISÃO DA MINHA VIDA

11

Por Eliane Barbosa

Sempre idealizei vários sonhos, mas havia um em especial, no caso, mudar a vida da minha mãe e de meus irmãos. Enquanto meu pai trabalhava fora da cidade, minha mãe cuidava de tudo para que não nos faltasse o necessário e, também, meus irmãos mais velhos também não escolhiam empregos. Aos 12 anos, essa luta diária motivou a me dedicar ao fortalecimento do orçamento doméstico. Foi então que comecei a ajudar minha mãe no depósito de tomates, que ela havia montado em nossa pequena sala de estar.

Dedicava-me a ser a melhor vendedora do nosso pequeno depósito. A alegria de poder ajudá-la era o meu combustível para superar todos os obstáculos que se levantavam para impedir a concretização desse sonho. Meu objetivo era desenvolver uma versão melhor de mim mesma. Comecei a trabalhar em uma sapataria aos 14 anos, meu primeiro empreendimento veio aos 17 anos e o sonho de dar a minha mãe o conforto que ela tanto merecia por toda a vida finalmente havia se tornado realidade.

Apesar de minhas emoções tentarem construir muralhas relacionais, conheci o amor da minha vida em setembro de 1996, foi amor à primeira vista. Seu abraço curava meu medo, seu jeito amoroso supria a minha carência. Mas com o passar do tempo, a turbulência emocional novamente tornou meus dias conturbados. Eu me perguntava qual era o motivo. Procurava uma justificativa, mas não estava obtendo respostas.

Os negócios estavam indo bem, estava prestes a me casar com um bom homem, a casa da minha mãe já havia sido reformada e era uma casa confortável, como sempre idealizei. A menina que vendia tomates para ajudar no sustento da sua família, tornou-se uma mulher de 22 anos com uma longa história de realização dos seus sonhos. No entanto, meu coração ansiava por algo que não conhecia. Todos os conceitos que tinha sobre ter o melhor em roupas e sapatos, no empreendimento que consegui erguer, no bom homem que se tornou meu esposo, nas coisas que sonhava adquirir, mas o que adquiria não era suficiente para preencher o vazio que existia, e a maior de todas as conquistas, não conseguia alcançar e nem descobrir o que seria.

Até que em um momento, fiz uma nova amiga na loja, que começou a me contar histórias da Bíblia. Fiquei tão maravilhada com tudo, que pedi a ela para me apresentar o autor daquelas palavras, mas o nome era conhecido: Jesus! A partir daquele dia, minha vida não foi mais a mesma. Toda a lacuna que existia foi fechada pelo conhecimento e declaração de rendição a Deus através de Jesus, o Cristo. O meu ser foi renovado! Aleluia!

Todo o cultivo de crenças negativas que tentavam tomar espaço dentro de mim foi destruído pelo conhecimento da Palavra de Deus, a qual afirma que deveria levar o meu pensamento cativo para torná-lo obediente a Cristo: *"Destruindo os conselhos e toda a altivez que se levanta contra o conhecimento de Deus, e levando cativo todo o entendimento à obediência de Cristo."* II Coríntios 10:5

Quando me via em guerras mentais, sentia a necessidade de ser alcançada com renovação espiritual. A principal decisão que precisei tomar, diante de tudo que estava propondo fazer em meu coração, foi a de honrar a Deus acima de qualquer circunstância e pessoa.

Decisões têm consequências, sendo boas ou ruins. Tinha muito cuidado com cada uma delas para que, em nenhum momento, desonrasse a Deus com tais atos. Podia observar que todas as decisões das quais, porventura, tomasse, teria uma vida equilibrada, tranquila ou não. Para mim era mais importante que a minha saúde emocional, física e espiritual estivesse de acordo com o que a Bíblia estava propondo para que vivesse: *"Os pensamentos do diligente tendem só à abundância, porém os de todo apressado, tão somente, à pobreza."* Provérbios 21:5

"Graça e paz vos sejam multiplicadas, pelo conhecimento de Deus e de Jesus, nosso Senhor." II Pedro 1:2

Então era importante tomar decisões fundamentadas em Deus e se dedicar a fazer o que há de melhor, por mais pequeno que seja, por mais singelo que pareça e, assim, o nome do Senhor seria glorificado em mim, até a volta de Cristo. Nenhuma palavra que sai da boca de Deus voltaria para mim vazia. Cada uma delas contribuiria para o meu desenvolvimento, pois a vida espiritual é um crescimento contínuo. Estava disposta a entregar, dia após dia, a minha vida física, mental, espiritual e social, à soberania de Deus. Assim como eu, escolha viver exclusivamente para Deus e todos os planos e decisões serão guiados por Ele.

Deus é infinito em transformar a vida do ser humano que se propõe a conhecê-lo e entregar sua vida para que seja moldada e renovada pelo poder que n'Ele há. Encontramos nosso propósito quando estamos dispostos a servir ao Reino de Deus, e servindo também desenvolvemos o nosso potencial e inspiramos outras pessoas a se tornarem servos através do nosso testemunho. Começamos a conquistar o que almejamos pelas obras que praticamos, ou seja, pelo serviço ao Reino de Deus. Gera-se sabedoria, que por sua vez, gera a prática de conquista em diversos âmbitos.

Deus nos chama para conquistar as diversas áreas espirituais da nossa vida: social, financeira, sentimental, física e emocional. Precisamos nos despir de toda a capa de orgulho, vestir-nos de humildade entendendo que somos servos e quanto mais servimos ao Reino de Deus e às pessoas, mais conquistas temos, mais renovados por fé e coragem, seremos.

Quando somos renovados pelo Senhor e servimos ao Seu Reino e às pessoas, conquistas de territórios são liberadas sobre nós. Em um determinado tempo de nossas vidas, meu esposo e eu tínhamos feitos planos e sonhávamos em ter uma pequena pousada com 20 apartamentos. Sempre lembrávamos do texto de Efésios 3.20, que diz: *"Aquele que é capaz de fazer infinitamente mais do que tudo o que pedimos ou pensamos, de acordo com o seu poder que atua em nós."* Este versículo preenchia o nosso coração porque não afirma somente que Deus tinha o potencial para fazer algo ou que era possível Ele fazer algo, mas sim que ele tinha o poder para fazer. Aleluia!

Em uma determinada ocasião, meu esposo estava negociando uma outra oportunidade que havia surgido, quando chega até ele a informação que o dono de um grande hotel, na verdade, o maior hotel da cidade, estava disponibilizando a modalidade de funcionamento novamente. O local encontrava-se abandonado, com focos de sujeira ao extremo, com relatos de animais mortos em suas dependências. Vi mortandade naquele lugar, espiritualmente falando. Ouvi a doce voz do Espírito Santo de Deus sussurrando ao meu ouvido, dando-me o comando para profetizar no vale de ossos secos (Ezequiel 37), pois Ele traria vida aquele lugar. Comando dado, comando obedecido! Profetizamos e tomamos posse do território. Louvado seja o Senhor e Ele tem nos abençoado até os dias de hoje.

Confiamos em Deus e adquirimos aquele empreendimento que tanto almejávamos, como diz o texto de Salmos 37:3. Hoje te convido a fazer a diferença por onde você andar. Não se conforme em ser uma pessoa comum. Você deve lutar e perseverar até progredir. E quando conseguir, celebre cada conquista, mesmo se forem pequenas, sinta a alegria de vencer. Jesus é o nosso maior exemplo, pois veio para fazer a diferença na terra. Enfrentou grandes obstáculos, perseguição até a morte, porém veio, lutou e venceu. Fomos chamados para fazer a diferença nesta terra, estabelecendo objetivos para alcançarmos outro nível e ajudarmos outras pessoas.

Em Filipenses 4:13, a Bíblia nos garante que estamos com Jesus e não precisamos ter medo, pois Ele renova as nossas forças e nos guarda. Podemos passar por todo tipo variável de situação porque o nosso noivo, o Cristo ressurreto, sempre estará conosco. Nesse texto, o apóstolo Paulo ensinava aos Filipenses sobre a provisão de Deus. Os discípulos eram diariamente advertidos para que fossem fiéis e estivessem contentes em toda e qualquer circunstância, tanto na alegria quanto na dor.

Quero terminar este capítulo, chamando você para uma ressignificação. Este é meu convite hoje: ressignifique sua história! Acredito que um novo tempo chegou na sua vida, novas portas se abrirão. Novos começos, novas oportunidades. Deixe tudo que te paralisou e avance para o alvo. Lance fora: amargura, raiva, medo, vergonha e decepção. Dê a si mesmo (a) uma nova chance de recomeçar e ressignificar. Tudo que aconteceu com você serviu de escada para a sua nova história de sucesso. A escolha é sua. Bem-vinda a uma nova mulher renovada!

1, 2, 3! Ação! Vamos a prática!

Neste momento, desafio você a terminar esta leitura visualizando tudo aquilo que seu coração almeja para o futuro. Um pequeno exercício para finalizarmos:

Feche seus olhos, comece a visualizar e a sonhar os sonhos de Deus para sua vida, baseado em Gênesis 15:5: *"Levando-o para fora da tenda, disse-lhe: 'olhe para o céu e conte as estrelas, se é que pode contá-las'. E prosseguiu: 'Assim será a sua descendência.'"*

Tenha em mãos um caderno novo e escreva seus sonhos e metas. Numere cada sonho e coloque data. Baseado em Habacuque 2:2-3: *"Então o Senhor me respondeu e disse: 'Escreve a visão e a torne bem legível sobre tábuas, para que a possa ler quem passa correndo. Porque a visão é ainda para o tempo determinado, mas se apressa para o fim, e não enganará; se tardar, espera-o, porque certamente virá, não tardará.' "*

Deixe os seus sonhos fluírem como águas correntes. Permita-se viver o novo de Deus. Se for necessário pode chorar, porém sinta e imagine. Agora reaja e coloque todos os seus sonhos em ação para que você possa se transformar em uma nova mulher renovada. *"Não vivam como vivem as pessoas deste mundo. Mas deixem que Deus os transforme por meio de uma completa mudança da mente de vocês. Assim vocês conhecerão a vontade de Deus, isto é, aquilo que é bom, perfeito e agradável a Ele."* Romanos 12:2

"

Reconstruindo sonhos através do renovo de Deus e de um coração grato.

Eliane Barbosa

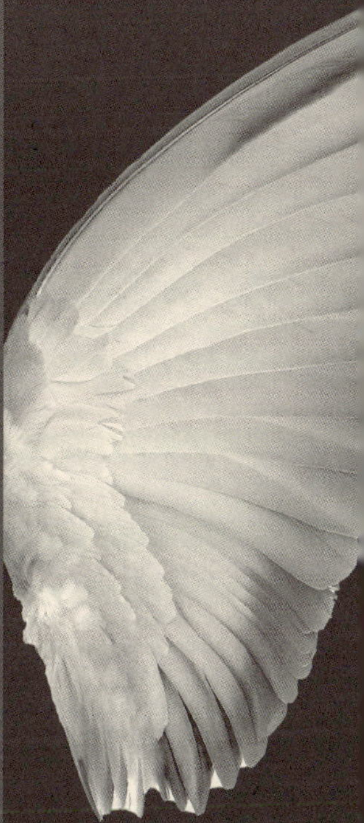

Eliane Evangelista

Sou Eliane Evangelista, esposa de Everaldo, mãe de Willy e Gabriel. Fui uma improvável, nasci em 7 julho 1977, numa pequena fazenda do interior de Goiás. Foi uma jornada sustentada pelo amor e fidelidade de Deus, do nascimento a uma infância interrompida pela morte do pai. Mas o Senhor mudou a minha história e cumpriu sua promessa.

Fui diplomada em dezembro 2014, em Medicina. Conduziu-me à Teresina em julho de 2015, cidade onde moro. Sou CEO da Clínica Domingos Queiroz (CDQ) e fundadora da Casa de Apoio Tio Domingos (CATD), diretora da Brazil4life no Piauí e atuo na clínica médica e ultrassom humanizado. Em 2023, recebi o convite para escrever o capítulo de um livro, o Espírito Santo me revelou: *"Agora não é tempo de falar das suas conquistas e triunfos, mas sim das suas fragilidades."* Expor minhas fraquezas é como passar por um parto complicado.

draelianeevangelista

www.clinicadomingosqueiroz.com.br

ORGULHO VELADO 10

Por Eliane Evangelista

No final de novembro de 1989, um fato ocorrido gerou experiências ruins e produziu sentimentos e significados. A partir desse ponto, diversos traumas se sobrepuseram sucessivamente. Pela falta de conexão com Deus, de inteligência emocional e por não saber proteger as minhas emoções, o orgulho achou espaço e passou a morar dentro de mim.

Na medida que crescia fisicamente, o orgulho também crescia e produzia seus frutos. Frutos que calcificaram minhas memórias positivas, adulteraram a minha real identidade (o plano original de Deus: *"Imagem e semelhança do criador."* Gênesis 1:26-31), transformaram meu coração em um terreno frio, isolado e deserto com variação de temperatura extrema. Nas 24 horas do dia, tudo que ouvia eram gemidos da minha alma abatida. O abandono trouxe o medo e a insegurança. As luzes do meu caminho se apagaram ao fechar dos olhos do meu pai no dia da sua morte.

Por muitos anos, o orgulho de mãos dadas com a arrogância e a prepotência mantiveram minha mente enclausurada e a boca amordaçada pelo medo da exposição. Colocar-me na linha da vulnerabilidade está sendo como guiar um trem desgovernado, se pensasse muito, não escreveria e desistiria do projeto, mas obedecendo ao chamado do Pai, decidi acabar de uma vez com a vergonha e com o orgulho; sendo vulnerável, mostrando as minhas imperfeições para gerar reflexões e mudanças na sua vida. O meu desejo sinceramente é que sua consciência seja ativada e produza reconhecimento, arrependimento, perdão e libertação.

As consequências das experiências vividas na minha infância afetaram áreas da minha vida. Conectei-me inconscientemente a pessoas doentes emocionalmente e feridas de alma, pela necessidade de manter os meus vícios emocionais. Ganhava e perdia. A raiz da rejeição gerou em mim frutos de criticidade. Tornei-me perita em criticar e repelir qualquer crítica a meu respeito. Talvez no meu subconsciente, criticando, reafirmasse o meu valor.

As memórias da ausência dos meus pais, das traições e da violência doméstica e psicológica que minhas tias sofreram, tudo isso levou a criança emocional da Eliane a se sentir desprotegida e insegura. Portanto, concluí que: "Todo homem trai, então, o dia do meu casamento seria contagem regressiva para o dia do meu divórcio." Essa era a minha profecia, o que levou a me casar três vezes.

Com relacionamentos destruídos, enfrentando os desafios de cuidar dos filhos, além de dar proteção, segurança, como também, estudar, administrar o tempo e a escassez financeira, enfim, falhei! Muitas vezes, deixei faltar empatia. Tornei-me uma mãe rude, intolerante, autoritária e rixosa muitas vezes, não sabia ouvir, vitimizava-me. Meus filhos, na adolescência, estavam atravessando áreas de turbulência e eu não percebia.

Onde foi que me desconectei das promessas de Deus para minha vida? Desconectei-me nas minhas experiências, pois elas geraram memórias de abandono, medo, humilhação, comparação, rejeição, inferioridade e incapacidade. Fez-me sentir desprotegida, culpada e não merecedora. Perder-me nas minhas feridas emocionais. Ouvia: "Cara lambida, lanhada, não vai dar para nada, vai virar mulher da vida."

Todas as vezes que não temos clareza do nosso valor, nós vivemos uma vida desesperada para buscar aprovação e aceitação. Com isso, aprendemos a mentir, manipular e omitir erros, ou seja, nos vestir de um personagem para ser aceito, porque achamos que essa é melhor do que a versão original.

Você já se percebeu fazendo a coisa certa pelos motivos errados? "Vou crescer, estudar, reescrever a história da minha família, quero fazer o bem para todo mundo, até que ninguém mais se lembre das marcas do passado e nem me compare com ele. Vou ser aceita pelas coisas que fizer com perfeição."Esse pensamento quase me destruiu, afastando-me dos sonhos de Deus para a minha vida.

Onde foi que você se desconectou do centro da vontade de Deus? Com certeza, eu me desconectei quando quis atender as expectativas das pessoas para agradá-las e quis provar que não teria o futuro que muitos diziam. Por ter acreditado nas críticas a meu respeito, tornei-me uma mulher desprezível em muitas áreas da minha vida. Justiceira, era a dona da verdade e a rainha da perfeição. Minhas ideias eram as melhores, argumentos nunca me faltavam, poder de persuasão, teimosia, vitimização, teatralização e manipulação. Além de charme para conseguir o que queria nos relacionamentos.

Prometi ao meu pai no caixão, aos 12 anos: "Pai, prometo que vou cuidar de mim, nenhum homem vai se aproveitar de mim, vou me proteger. Eu vou fazer, vou realizar os sonhos que o senhor não teve tempo de realizar." Essa promessa deu lugar para o orgulho entrar: "O homem tem que ter palavra!" Passei a vida calculando as minhas ações, pensava sobre o que precisava fazer para me tornar a pessoa que jurei que seria. E quando a dificuldade batia na minha porta (a solidão, a falta de dinheiro, a escassez, a humilhação e a vergonha) cumpria-se o círculo de acusação das pessoas que deram início àquela dor, vitimizava-me para justificar o que não tinha. Assim meu barco seguiu por longos 30 anos, remando só de um lado, girando em círculos como o povo do deserto.

O orgulho me fez forte: "Ninguém vai me pisar e me humilhar, homem nenhum vai triscar a mão em mim." Quase virei uma exterminadora de corações, tinha que estar no controle da relação em tudo. Tornou-me arrogante, independente, presunçosa e me desconectou de Deus. Fez-me achar que podia guiar meu próprio caminho, fazer minhas escolhas sem antes consultar a Deus, ser líder de mim mesma, não me submetia a um líder direto na igreja. Passei mais de 20 anos sendo "membro solto", criticava todas elas, não me encaixava porque não achava a "igreja certa."

A última grande prova: a humilhação. Ela veio trazer libertação. O Senhor colocou dentro da minha casa o último dos meus maiores inimigos, fez-me lavar, passar, cozinhar, cuidar, dar remédio, emprestar dinheiro, dar presentes, tirou-me o direito de reclamar, de murmurar ou de falar mal dele. Só acabou no dia que o Senhor disse: *"Filha, pede perdão a ele."* Eu disse: "Não, Senhor, isso não!" Mas o Espírito Santo me fez entender que era a última coisa que me impedia de viver o que Deus separou para mim. Com gemidos na minha alma, submeti-me, pedi perdão, e o resultado foi uma onda de consciência, de transformação e de arrependimento. Ele seguiu pedindo perdão, primeiro de volta a mim, depois a outras pessoas envolvidas, dessa forma, acessamos o início da cura de feridas emocionais de minha família.

No começo de 2019, como um carro em alta velocidade, choquei-me em um paredão de concreto ao ouvir da minha irmã: "Imagina, que daqui alguns anos, você receba um prêmio de médica referência da medicina humanizada e, ao olhar para os lados, seus filhos não estejam lá? Vai ter valido a pena? Você vai se sentir realizada do mesmo jeito?"

Passei alguns dias com muita raiva da minha irmã, mas suas palavras ecoaram na minha consciência e não tive mais paz, até que fiz umas das minhas maiores loucuras assertivas, até então, comprei as passagens e viajei por 17 dias para os Estados Unidos, com meus filhos e esposo. Totalmente de maneira intencional, permiti-me quebrar o vício do trabalho e dei início a uma desintoxicação mental para um novo ciclo de vida saudável. De lá para cá, tenho mantido a jornada, vivendo o processo, buscando mais intimidade com Deus e fluindo a minha vida em todas as áreas. Aprendi a pedir ajuda, tendo a coragem de ser vulnerável.

O orgulho não vai me roubar mais nada, tomo posse do direito de fazer a minha vida valer a pena. Escolho dar um novo significado a minhas memórias. Tenho aprendido que carrego algo único, a minha vida é para glorificar ao Senhor, amar a Deus sobre todas as coisas e ao próximo como a mim mesma. Eu não posso voltar ao passado e mudá-lo, não sou o meu passado, sou os resultados do que faço com as minhas escolhas. *"O coração orgulhoso leva à ruína, é o princípio da queda."* Provérbios 16:18. O orgulho nos rouba a principal característica que nos faz semelhante a Deus: a humildade.

Hoje os meus resultados já começaram a aparecer, vejo frutos saborosos no meu casamento, no meu relacionamento com meus filhos e com a minha família, na minha vida profissional, com minhas colaboradoras e com meus pacientes. Estou me sentindo mais leve ao reconhecer as minhas imperfeições, já sinto o avião esquentando as turbinas e a pista de pouso liberada para decolagem. Estamos celebrando sete anos e inaugurando a nossa segunda unidade em Teresina, Clínica Domingos Queiroz Saúde da Mulher: levando medicina humanizada. Apoiamos projetos sociais com a CATD: missão crescer e contribuir.

Do que me arrependo hoje? De não ter levantado a mão e pedido ajuda, ou procurado um pastor, psicólogo e conselheiros, aberto o meu coração. Minha jornada poderia ter sido mais curta, não precisava ter carregado tanto peso para subir a montanha.

Existe um caminho, e só posso falar do que tenho vivido: a aproximação de Deus; e deixar que Ele coloque luz nas minhas trevas e que confronte o meu caráter, isso me permite mergulhar em águas mais profundas, liberar perdão, reconhecer as minhas fraquezas, limitações e pedir ajuda. Você aceita o desafio de retirar a máscara, dar um passo a mais na direção de viver aquilo que Deus já determinou em seu favor? Reconhecer e mudar comportamentos que ainda tenha e que não combinam com a pessoa que você nasceu para ser? Coragem, humildade e verdade. Vamos lá!

Quais áreas da sua vida que você tem destruído hoje com as suas próprias mãos?

Até quando suas emoções aguentarão você se vitimizando o tempo todo?

Que decisão você toma hoje para começar a caminhar com consciência?

O orgulho, a gente vai vencer com o hábito constante de orar, reconhecer, confessar, arrepender-se e pedir perdão.

Sugestões de leitura: Bíblia de Estudo, Joyce Meyer. livros: *Autorresponsabilidade; O cavaleiro preso na armadura; Raiz de Rejeição; Ame como se nunca tivesse sido ferido; Viva sua real identidade; A coragem de ser imperfeito - Treinamento CIS, Renovo e Chamados a Excelência.*

> Faça a sua vida valer a pena vivendo o propósito de Deus.
>
> Eliane Evangelista

Eunice Fernandes

Sou Eunice Fernandes, serva do Rei Jesus. Sou Advogada, bacharel em Teologia, escritora, evangelista, capelã, conciliadora, preletora de chá para mulheres, instrutora de seminários, coordenadora do Ministério de Prisões e membra da Comissão de Direitos Humanos da OAB.

Também sou membra da Associação Brasileira de Mulheres de Carreira Jurídica (ABMCJ) e membra da Associação Brasileira dos Advogados Criminalistas (ABRACRIM). graduada no Centro de Treinamento Bíblico (RHEMA) e membra do Conselho da Comunidade na Execução Penal.

*eunicefernandess_*

eunicefernandes6@hotmail.com

Eunicefernandes

A PÉROLA
E O REI

12

Por Eunice Fernandes

Minha infância se desenvolveu em um ambiente de contrastes. Do lado de fora das paredes da minha casa, meu mundo era formado por brincadeiras de pular corda e banhos nas águas do rio Mearim. Do lado de dentro, no entanto, a convivência não tinha tanto brilho. A infidelidade do meu pai colocava minha mãe em situações constrangedoras. O episódio mais traumático aconteceu em uma marcante tarde de domingo.

Tínhamos o costume de visitar minha avó no fim de semana. O caminho que percorríamos era deserto e passava por trás de uma usina de arroz. Pegávamos um atalho para diminuir a distância. Um dia, nossa marcha foi interrompida por uma mulher que se pôs a agredir minha mãe. Ainda me lembro do pequeno tumulto que se formou naquele caminho sempre tão silencioso. Meus irmãos chorando desesperados, minha mãe machucada.

A partir dali me tornei outra pessoa. Mesmo sendo tão menina, sentia-me na obrigação de defender minha mãe da dor e da vergonha com a força do meu braço, ainda que meus esforços não fossem suficientes. O casamento dos dois chegou ao fim quando tinha 14 anos. Com isso, dispus-me a acompanhar minha mãe aonde quer que ela fosse, pois, sentia que era meu dever protegê-la.

Minha vida, então, mudou por completo. Foi uma grande virada, tanto no aspecto financeiro, quanto no emocional. Minha mãe alugou uma casa com um ponto comercial e abriu uma churrascaria, mas as contas do mês não fechavam. Pedi ao meu pai que usasse o conhecimento dele para conseguir um emprego para mim e foi assim que, antes mesmo de debutar para a vida, comecei a cumprir jornada tripla: trabalhava na prefeitura de manhã, estudava à tarde e ajudava na churrascaria à noite.

E foi aí que conheci a dor e o sofrimento em uma profundidade que nunca havia conhecido antes. Um amigo do namorado de uma das funcionárias da churrascaria disse estar interessado por mim. Essa informação entrou por um ouvido e saiu pelo outro, eu sequer o conhecia e, apesar de já estar com 14 anos e equilibrar tantas responsabilidades, meu interesse ainda estava nas brincadeiras de boneca.

No período das férias escolares, tinha o costume de visitar uma tia que morava em Poção de Pedras, uma cidade que ficava a 70 km de minha cidade natal. A estrada que dava acesso à Poção não passava ônibus, apenas carro traçado e, geralmente, meu pai era o responsável por me levar.

Mas com a separação, meu pai não mais me levou, e essa funcionária da churrascaria foi incumbida por minha mãe de me deixar sã e salva na cidade vizinha. A primeira parte do trajeto terminaria em Cariri. De lá, pegaríamos outro carro para chegar à Poção, o destino final.

Quando chegamos à Cariri, fomos recebidos pelo amigo do namorado da funcionária, que tempos antes havia demonstrado interesse por mim. Conversamos despretensiosamente, até que fomos convidados por ele para conhecer sua fazenda. O trato era: conhecermos o lugar e depois retornar à Cariri para seguir viajem.

O plano pareceu-me interessante e topei o convite. Entrei no carro e me ajeitei no canto, a fim de que Sônia e seu namorado pudessem se acomodar ao meu lado. Tudo aconteceu muito rápido, para minha surpresa, a porta foi trancada rapidamente, aquele homem arrancou em disparada e, a partir daquele instante de profundo desespero, eu me vi sozinha com um completo estranho sem imaginar o que seria de mim.

Descobri que a Sônia, a funcionária da churrascaria, passava informações da minha vida para aquele estranho durante todo o tempo. Havia sido traída e enganada de todas as formas possíveis. A primeira parada foi em um motel onde fui violentada e minha inocência foi roubada de maneira cruel e insensível. O destino final foi uma reserva indígena, entre Itaituba e Santarém, no Pará, um lugar onde havia apenas quatro casas e não se encontrava qualquer resquício de civilização.

Não exagero quando digo que ali, no meio do nada, vivi os piores dias da minha vida. Sofri todo tipo de tortura, humilhação e ameaça. Estava no meio da selva, vivendo da caça, as lembranças de minha vida pregressa eram imagens cada vez mais enfraquecidas na minha mente.

Até que a chegada de uma família acendeu em mim uma faísca de esperança. Os novos moradores logo fizeram amizade com meu algoz. Percebendo o meu pesar, aquela mulher perguntou como fui parar ali, e depois de lhe relatar meu infortúnio, ela se propôs a me ajudar, pois eu estava à mercê de um louco. Os abusos diários geraram consequências, descobri-me grávida. Era uma adolescente sem qualquer experiência, pisoteada por uma dor que sequer procurei. Carregar um filho de alguém que havia me feito tanto mal parecia mais um castigo.

Odiei aquela criança em meu ventre sem saber que ela seria a chave para a minha libertação. Orientada por minha nova vizinha, pedi a ele que me levasse de volta à cidade sob a condição de não contar nada do que ele havia feito comigo e voltar para aquele ambiente repugnante ao qual ele chamava de lar. Ele aceitou e me levou à casa de seus pais.

Na primeira oportunidade, contei para a mãe dele tudo o que havia acontecido comigo. Os pais dele eram pessoas idôneas e prontamente fizeram o necessário para que retornasse ao seio da minha família.

No dia seguinte, aconteceu o tão esperado reencontro. O pai dele me levou de volta para minha família. Finalmente, estava recebendo os abraços de meus irmãos e de meu pai, mas minha mãe não tinha ido me ver.

Quão irônico era o cenário formado para o meu retorno. Fui a única filha a acompanhar minha mãe quando ela se separou de meu pai. Mesmo sendo tão nova, dava tudo de mim para protegê-la, e agora, ela estava contra mim. A funcionária retornou para a churrascaria dizendo que tinha ido embora por vontade própria e ela acreditou.

E lá estava eu, sem rumo, hospedada na casa de meus irmãos, grávida de um homem que me feriu profundamente e rejeitada por minha mãe. Eu chorava, batia nas paredes, quebrava copos e tudo o que considerasse ideal para extravasar todo ódio que sentia daquela situação.

O trabalho de parto foi espinhoso. Foram dois dias inteiros de dores intensas, com direito a seis injeções para induzir o parto, e mesmo assim, não adiantou. O parto aconteceu com o auxílio de fórceps.

Os dez dias seguintes foram ainda piores. Eu não conseguia olhar para o meu filho, nem o amamentar. Aquela criança era filho do homem que me infligiu feridas à alma. Ele chorava dia e noite, pois o chá que tomava não saciava sua fome. Até o dia em que minha mãe, que a esta altura já havia se reconciliado comigo, saiu para comprar leite e me deixou sozinha com o bebê. Ele chorava como se alguém estivesse beliscando sua pele delicada. Quando levantei meus olhos para vê-lo, senti meu coração aquecer.

Olhei para a criança linda e barulhenta a minha frente, e de repente, não vi mais o filho do homem que roubou minha inocência, vi apenas meu filho. Naquele momento, aconcheguei ele ao peito e o amamentei pela primeira vez. Eu o amava. A partir daquele instante, tive certeza de que o amava. Quando meu filho completou três anos, retornei ao trabalho na prefeitura e conheci pessoas que me ajudaram a voltar a sonhar. Terminei os ensinos fundamental e médio, e aos 21 anos, já era uma empresária bem-sucedida.

Tive dois longos relacionamentos nesse ínterim, mas ambos acabaram em decepção. Parece que se decepcionar com homens estava se tornando rotineiro. Foi quando uma colega de trabalho muito querida me falou de um homem que seria capaz de me amar incondicionalmente, como também, jamais me trairia, humilharia, abusaria de mim ou me decepcionaria. Quis conhecê-lo imediatamente, e ela me falou seu nome: Jesus Cristo. E eu o aceitei como meu único e suficiente Salvador.

Jesus foi curando ferida por ferida. Colocou em meu caminho uma adhonepiana (sócia de uma instituição brasileira não eclesiástica, chamada ADHONEP; significa: Associação de Homens de Negócios do Evangelho Pleno) chamada Ângela do Carmo, que me ajudou a superar o passado para viver o futuro que Deus havia preparado para mim. Tanto que meu coração passou por uma verdadeira prova de fogo.

Antes de terminar este depoimento, meu filho recebeu a notícia de que seu pai havia sido preso em sua cidade, por dirigir embriagado. As opções e tentativas de libertá-lo já haviam se esgotado. E nesse processo de restauração, Deus abriu a porta para que me tornasse bacharel em Direito e advogada criminalista. Meu filho pediu que fizesse algo para ajudar seu pai a recuperar a liberdade.

Da minha cidade, entrei com um pedido de liberdade provisória e tomei todas as providências que estavam ao meu alcance. E aquilo que nenhum outro advogado conseguiu, Deus permitiu que eu conseguisse: ele saiu da prisão, através da minha petição, mandou-me um áudio pedindo perdão por tudo que tinha feito a mim, e eu perdoei verdadeiramente.

Hoje, tenho plena certeza de que essas feridas do passado são apenas cicatrizes. Na verdade, elas são marcas que me lembram diariamente do poder restaurador de Deus. Meu filho superou toda rejeição que sofreu, aquelas bonecas, que aquele homem havia me tomado e jogado fora, no mesmo dia em que me sequestrou, meu filho me devolveu, através de uma neta, que hoje é minha filha, pois desde bebê, mora comigo.

Deu-me recentemente mais uma neta, chamada Camila, nome em homenagem a minha mãe, uma mulher que amei muito. Hoje, meu filho é meu grande orgulho. O passado ficou no lugar dele. Sou uma nova mulher porque Jesus me refez, Ele escreveu uma nova história para mim, sou feliz, não senti interesse em me casar com homem, meu casamento é com Ele, Rei dos Reis, Senhor dos Senhores.

Faço chá para mulheres, contando meu testemunho, e muitas vidas são transformadas. Trabalho também com homens e mulheres encarcerados, para eles, explano sobre o poder do perdão, falo do evangelho que cura, salva, liberta e da minha experiência com Deus, este Deus que nunca me abandonou, mesmo quando estava naquela reserva indígena, Ele sempre cuidou de mim, de uma ostra ferida. Transformou-me em uma pérola, uma joia preciosa totalmente renovada. Assim como fez comigo, Ele pode fazer com você.

“

Deus me transformou de uma ostra ferida a uma pérola: uma joia preciosa totalmente renovada.

Eunice Fernandes

Pra. Jesuane Morais

Sou Jesuane Morais, casada há 18 anos com meu esposo, Pr. Jacksom Veloso de Morais. Alinhamo-nos constantemente em Cristo. Sou mãe de um casal de filhos maravilhosos: Geovanna, de 15 anos, e Geovanne, de 4 anos. Grata a Deus por tudo!

Formada em Enfermagem, especialista em Enfermagem do Trabalho e em Saúde Mental. Mestre em Ciências Ambientais, doutoranda em Ciências da Saúde, cursando Teologia pelo IBTS (Instituto Bíblico Teológico Shalom) e atuando como docente do curso superior de Enfermagem da Unitins (Universidade Estadual do Tocantins). Exerço o ministério pastoral na Comunidade Evangélica Shalom (paz para todos os povos, em Augustinópolis, Tocantins). Como acréscimo em minha vida, penso em iniciar formação em Coaching, para auxiliar casais, pois, é um sonho que pretendo realizar.

12jesuanemorais

jesuane_morais@hotmail.com

DEUS ME DIRECIONOU PARA CUMPRIR PRINCÍPIOS

13

Por Pra. Jesuane Morais

Sempre fui muito esperta e dedicada aos estudos. Porém, sem apoio dos meus pais para desenvolver meu potencial, vivia em conflitos e em meio a muitas brigas familiares. Sempre sofria julgamentos, mesmo agindo da forma correta, mas isso não importava, e lá estava eu sendo penalizada. Isso deixava, em meu interior, marcas profundas. Brigava constantemente com meu irmão mais novo e percebia que meu pai tinha um apreço maior por ele, consequentemente, era agraciado com presentes.

Sou a filha do meio, minha irmã mais velha, especial, necessitava da ajuda de todos. Meu irmão mais novo sempre nos ajudava a cuidar dela. Para suprir algumas necessidades de que tinha, ingressei, aos 13 anos, no mercado de trabalho. Aos 18 anos, recebi uma proposta para sair da minha cidade, Augustinópolis, no Tocantins, para tentar cursar Medicina em Goiânia, mas meus pais eram contra essa possibilidade. Não me permitiram ir.

Não tinha muitas perspectivas de vida e já tinha desistido da carreira médica. Meus pais não permitiam que fosse possível. Frequentávamos a igreja católica, mas eu não era assídua. Por mais que tivesse sido batizada e cursado catequese, não era incentivada a seguir uma religião.

Aos 18 anos, iniciei um namoro secreto que durou 3 meses, pensava que aquele relacionamento me daria liberdade. No mesmo período, dei início ao curso técnico em Enfermagem. Após o término desse curso, com mais de um ano formada, consegui emprego no Hospital Regional de Augustinópolis.

Em 2005, casei-me com meu então esposo, tive uma cerimônia dos sonhos. Passei no vestibular para cursar Serviço Social, em Imperatriz, no Maranhão. Deslocava-me da minha cidade para assistir às aulas, durante um ano inteiro, todos os dias. Foi então que, em minha cidade, instalou-se a faculdade FABIC (Faculdade do Bico do Papagaio). Prestei vestibular e fui aprovada para Enfermagem em 2006. Optei por cursar Enfermagem em minha cidade, e não Serviço Social.

Em fevereiro de 2007, engravidei da minha primeira filha. Meu esposo, havia se tornado empreendedor, quase sempre estava viajando a serviço. Não conversávamos sobre mudarmos essa realidade, lembro-me de que minha amiga de infância conseguiu uma câmera para fazermos algumas fotos da minha gestação, porém, em nenhuma delas, meu esposo estava.

Passei o período da gravidez internada, devido às complicações. Minha mãe me acompanhava nas internações, no dia do parto, meu esposo estava comigo, auxiliando-me nos cuidados com a nossa filha. Após um mês do nascimento de nossa filha, retornei às aulas e meu esposo ficava com a responsabilidade de cuidar dela. Nossa filha estava crescendo.

Trabalhávamos muito, e o tempo para nós se tornava escasso. Quando conseguíamos parar as atividades, aos finais de semana, visitávamos os pais dele, era imprescindível esse tempo. Às vezes, íamos à missa, mas isso não era prioridade. Para mim, o que importava mesmo era saber que podia contar com meu esposo. Já desenvolvia, em meu interior, ciúme profundo.

Em 2010, recebi o convite para fazer mestrado, engajei nessa nova etapa de estudo, que foi muito dolorosa, pois era muito oneroso sair da minha cidade e estudar fora. Mas, valeu a pena. Em 2012, recebi o convite para coordenar a imunização do município e para ministrar aulas na faculdade em que me formei. Durante todo o dia, ausentava-me de casa. Em 2013, fui convidada para coordenar o núcleo de atenção básica do referido município. Para meu esposo e eu, todas as oportunidades de trabalho que surgiam eram prioridades, mas nosso casamento estava sem atenção e cuidados. O amor esfriava e a raiz de ciúme só crescia. Por muitas vezes, chegando em casa, já o encontrava dormindo. Mal nos falávamos.

Em 2016, sofri uma grande decepção no ambiente de trabalho. Sentia-me traída e perseguida por todos os colegas. O ódio invadia meu interior, fui remanejada para outro setor, e o ódio só aumentava. Em janeiro de 2017, pedi licença do trabalho e dediquei-me somente à docência. Involuntariamente, desenvolvi depressão. Meu coração foi invadido por mágoa, frequentava a missa, mas o ambiente religioso não trazia paz para mim e, nem tão pouco, impelia-me a mudar.

Estava à procura de algo novo e não sabia onde procurar. Começamos a maratonar séries religiosas, quando surgiu a curiosidade de ler a Bíblia e de saber se a história contada era verdadeira.

Em um belo dia, saindo do trabalho com enxaqueca, resolvi procurar uma igreja evangélica. Almejava ser curada daquela dor intensa que me impedia de ter paz. Entrei, aguardei o culto terminar e pedi oração. Meu pedido foi recusado. Desapontada, com muita raiva e dor, fui para casa e decidi retornar às missas. Afirmei: "Nunca mais irei a uma igreja evangélica!" Mas, as missas não estavam preenchendo o meu coração. Queria algo diferente e maior. As rotinas padronizadas não me completavam.

Visitei várias igrejas, fiz um voto com Deus, estava cansada de procurar: "A primeira igreja que fosse acolhida com um abraço, saberia que deveria ficar ali." Fui visitar a Comunidade Evangélica Shalom e fui recebida na porta, com um caloroso abraço da pastora, acrescido da frase "Shalom, seja bem-vinda." Achei estranho, mas ainda assim, falei com o Senhor: "Não é este abraço. Para que eu tenha certeza de que preciso mudar, que é aqui que devo ficar, use outra pessoa para me dar outro abraço, antes do culto terminar." Deus me ouviu. Ao término dos louvores, uma moça desceu da plataforma e veio em minha direção. Abraçou-me dizendo: "Seja bem-vindaww Tive certeza de que era ali o lugar para recomeçar. No segundo culto, meu esposo foi comigo. No seguinte, fui tocada por Deus, e em choro, derramei-me aos Seus pés. Aceitei-O como Senhor e Salvador. Fui convidada para o encontro de mulheres. Meu coração estava cheio de expectativas por algo maior. Mas, permitia que as distrações congelassem meu coração. Tudo me incomodava.

Voltei do encontro triste por não ter sido tocada, mas fui surpreendida com a decisão do meu esposo, em servir a Cristo. Foi para o encontro de homens com Deus e voltou transformado. Fomos encaminhados ao discipulado, escolhidos como 12 líderes de célula e líderes de casais. Fui designada para auxiliar no ministério de louvor e intercessão. Fui sendo modificada e entendendo o quanto precisava renunciar. Quantas guerras precisava lutar. Não cria na manifestação do Espírito de Deus. Observava continuamente erros de outros. Murmurava e reclamava. Estava retrocedendo no crescimento espiritual. Tudo isso refletia em meu casamento, família e profissão.

Em 2018, tivemos nosso segundo filho. Milagre de Deus. Meu esposo orava pedindo a Deus um filho. Aumentei a minha fé, pois, tive uma gravidez tranquila. Após o nascimento do meu filho, percebi o agir de Deus em me forjar de forma diferente. Enfrentava diversos desertos e sentia a segurança de Deus, porém, ainda com lacunas de dúvidas na área espiritual, passei três anos servindo à igreja. Os dons do Espírito Santo não se desenvolviam, mesmo assim, estava sendo conduzida por Deus, a lugares altos para tratamento e renovo.

A renovação em minha vida começou aqui. Estávamos em casa, nossos filhos foram para a casa de meus pais, meu esposo me chamou e disse: "Vamos conversar." Confessou a mim que "desejava mudar e servir a Deus", em verdade, que "precisava me pedir perdão pelas traições." Perdoei sem reservas. Também pedi perdão por pensar em trair ele. Perdoamo-nos, abraçamo-nos e oramos.

Houve dias em que me culpava muito por ele ter me traído e questionava: "Somos líderes de casais, somos infiéis no casamento e com Deus?" Mas havia um diferencial, éramos conduzidos por pastores comprometidos com Deus. Aconselhando casais, fomos aprendendo e nos fortalecendo. Eu ainda era uma mulher muito ciumenta, insegura, dominante e desobediente. Fui tratada e Deus tem forjado meu caráter. Com tudo já confessado e perdão liberado, organizei um encontro de casais. Em um momento desse encontro, haveria declarações. No ensejo, meu esposo aceitou o desafio.

Declarou que entendeu o que era o amor. Aleluia! Que não iria mais me trair. Citou que tinha essa prática nas viagens que fazia, afirmou que foi transformado ao confessar Jesus como Senhor de sua vida. Ouvi atentamente e o perdoei novamente. Entendi que Deus estava trabalhando em nós de forma diferente. Orando, falei a Deus que verdadeiramente iria me esvaziar de mim, para que fosse renovada por Ele completamente. Estávamos prestes a entrar em um propósito com Deus. Nesse tempo, Deus me visitou, fazendo-me sair do natural para viver o sobrenatural.

Hoje somos pastores auxiliares na Comunidade Evangélica Shalom (paz para todos os povos, em Augustinópolis, no Tocantins). Vivo o renovo no Senhor! Antes, vivia como Marta e nunca como Maria, como descreve o texto de Lucas 10:41-42. Quando entendi meu propósito, fui transformada e renovada em Deus.

Hoje afirmo: sou fiel, leal, honrosa, amorosa com a minha família e com meu próximo. Deus tem me direcionado para o verdadeiro propósito, cumprir princípios. Sou grata a Deus por tudo e convido você a escolher a melhor parte: estar na presença de Deus e o confessar como Senhor e Salvador da sua vida, através do sacrifício de Jesus!

"

Ser renovada sob os princípios de Deus é necessário para que seja próspera em tudo.

Pra. Jesuane Morais

Karena Maria

Sou Karena Maria, filha amada de Deus, casada com meu amor Vítor Sousa. Sou mãe de Luísa Maria e Davi, bênçãos de Deus. Filha do Francisco das Chagas e da Keila Sousa. Sou formada em Direito, especialista em Direito Tributário, advogada licenciada, servidora pública, *master coach*, mentora de mulheres e empresária.

Mergulhei no mundo do autoconhecimento e do desenvolvimento pessoal buscando a minha melhor versão e encontrei a minha versão original, a qual foi projetada por Deus antes mesmo do meu nascimento. Deus mostrou para mim um grande propósito, dentre outros, o de levantar mulheres, ajudando-as a entender quem elas são, o que elas são capazes de realizar e a vida que elas merecem viver.

*karenamaria_*

karenamariacruz@hotmail.com

RENOVO ESPIRITUAL

14

Por Karena Maria

Nosso Deus é Todo Poderoso. Ele é um Deus que renova a nossa mente, o nosso físico, a nossa alma e o nosso espírito: *"E não vos conformeis com este mundo, mas transformai-vos pela renovação da vossa mente, para que experimenteis qual seja a boa, agradável e perfeita vontade de Deus."* Romanos 12:2

Quando entregamos o controle das nossas vidas ao Deus Altíssimo, Ele reescreve a nossa história, se for preciso, Ele nos desconstrói e constrói um novo eu em cada um de nós.

O renovo espiritual é um presente do Espírito Santo de Deus para que possamos viver uma vida de avivamento na presença de Deus. Somos chamados para viver uma vida mais fervorosa em Deus e para alinharmos o nosso coração ao coração de Deus, bem como, os nossos sonhos aos sonhos de Deus para cada um de nós. Para falar do maior renovo que já vivi em Deus, preciso contar sobre um momento na minha vida, que foi um divisor de águas para mim.

Era uma noite do dia 3 de janeiro de 2021. Eu e minha família estávamos voltando de viagem, de Luís Correia, no Piauí, em nosso carro, quando de repente sofremos um acidente, um outro carro colidiu com o nosso e o meu esposo, que estava dirigindo, perdeu o controle da direção. O nosso carro capotou três vezes e caiu em um rio.

Lembro que, enquanto o carro estava capotando, pensei que ia morrer naquele momento e que iria ver Deus. Passou um breve filme da minha vida na minha cabeça e tive o seguinte pensamento: "Eita! O que vou entregar para Deus? O que fiz para Ele até aqui?" Logo depois que tive esse pensamento, o nosso carro caiu no rio. Clamei para Deus nos salvar, gritei para o Espírito Santo de Deus nos ajudar.

Logo em seguida, após o momento em que o nosso carro caiu no rio, o *airbag* foi acionado e a água do rio começou a entrar no carro. Com muito esforço, consegui tirar o cinto de segurança de mim, quando o nível da água de dentro do carro já estava na altura do meu nariz, já estava quase engolindo água e quase me afogando, clamei por Deus mais uma vez e vivi o sobrenatural d'Ele.

Recebi uma força que não era minha (ela vinha de Deus) e consegui, em pouco tempo, quebrar o vidro lateral que estava perto de mim dando murros contra ele. Consegui sair do carro pela lateral dele, através do espaço que foi criado depois que quebrei o vidro. Fui a primeira a sair do carro. Um casal abençoado estava passando pelo lugar quando ouviram os nossos gritos e foram nos ajudar. O primeiro que conseguimos tirar do carro foi o meu filho Davi, que na época tinha apenas cinco meses de vida, e o entreguei nas mãos do casal que tinha chegado para nos ajudar.

Logo depois, o casal ajudou todos a saírem bem do carro e do rio, e conseguimos subir até a pista. Ao chegarmos na pista, ainda guardo na memória o momento em que olhei para toda a minha família: Vitor, meu marido, Davi, meu filho caçula, Luísa Maria, minha filha mais velha e Simone, a babá dos meus filhos. Vi que estávamos todos vivos e intactos para a glória de Deus.

Percebi que tínhamos recebido um grande livramento de morte, e Deus confirmou no meu coração que sou muito amada por Ele, e que ainda tinha propósitos para viver, que iriam glorificar o nome d'Ele e cada um que estava no carro comigo naquele acidente também tinha. Nesse momento, chorei e agradeci a Deus pelo dom da vida de cada um de nós e pela permissão de Deus para continuarmos vivos. A sensação foi de renascimento e de ser amada imensamente pelo meu Deus. A Sua graça e misericórdia foram derramadas sobre nós, o Seu amor foi demonstrado de uma maneira sobrenatural.

Um dia depois desse acontecimento, completei 30 anos, orei bastante, conversei com Deus, agradeci a Jesus pelo milagre que eu e minha família vivemos ao sobrevivermos daquele terrível acidente, senti o abraço afetuoso do nosso Deus. Encontros com Jesus são restauradores. Tive a confirmação que, mesmo nos piores momentos da minha vida, a mão poderosa de Deus estava presente cuidando de mim e dos meus. *"Ele é o meu Deus, o meu refúgio, a minha fortaleza, e nele confiarei."* Salmo 91: 2-5

Nesse mesmo dia, refleti sobre a experiência desagradável do acidente que sofri e sobre tudo que vivi naquele dia, tomei uma decisão: "No que couber a mim, vou fazer deste ano o melhor ano da minha vida até então." E com a ajuda de Deus, devido a minha tomada de decisão e da minha maneira de ver a situação, consegui usar esse momento desafiador como uma mola propulsora para uma mudança positiva em minha vida.

Em todas as áreas da minha vida, vivi um período de renascimento, de metamorfose para uma nova estação e para novos ciclos. 2021 foi o melhor ano da minha vida até então, vivi o renovo de Deus, aproximei-me mais de Deus e dos propósitos que Ele tem para eu cumprir em nome d'Ele. Vivi o início de um processo de transformação pessoal, entreguei o governo e o controle de todas as áreas da minha vida para Deus e tenho experimentado o agir e o trabalhar do doce Espírito Santo de Deus em minha vida.

A partir do momento que conheci Jesus mais profundamente e me conectei mais com Ele, decidi incluir na minha vida hábitos diários de momentos para aprofundar ainda mais a minha conexão com Deus e a minha intimidade com Ele. Inclui na minha rotina o tempo de leitura da Bíblia e o tempo de oração diária (adoração a Deus e conversas com Ele todos os dias), também percebi que isso renovou a minha vida, vivi uma verdadeira metanoia. Quando lemos e aplicamos a Palavra de Deus em nossas vidas, não conseguimos permanecer os mesmos. O Tempo com Deus produz frutos no corpo, na alma e no espírito.

Deus nunca perde o controle das coisas, d'Ele é o governo de tudo. Os momentos desafiadores poderão existir, mas Deus sempre está ao lado dos seus filhos, dando força e fôlego de vida para perseverar diante das intempéries da vida. *"Mas aqueles que esperam no Senhor renovam as suas forças. Voam alto como águias; correm e não ficam exaustos, andam e não se cansam."* Isaías 40:31

Deus nos sustenta nos momentos difíceis, em meio às adversidades, Deus se faz presente. Deus tem um projeto original para a minha e para a sua vida, para glorificar o nome d'Ele. Deus tem renovo espiritual para você. *"Ele nos salvou por meio do Espírito Santo, que nos lavou, fazendo com que nascêssemos de novo e nos dando uma nova vida. Deus derramou com generosidade o Seu Espírito Santo sobre nós, por meio de Jesus Cristo, o nosso Salvador."* Tito 3:5-6

Quanto mais se busca a presença de Deus, mais se vive o renovo na vida. Renove-se com o Senhor Jesus, aproximando-se mais d'Ele porque Ele é o próprio renovo. Nosso Deus é um Deus que reescreve a nossa história, que renova a nossa vida e faz tudo novo. *"Assim que, se alguém está em Cristo, nova criatura é; as coisas velhas já passaram; eis que tudo se fez novo."* 2 Coríntios 5:17

Renovada pela fé e pela confiança em Deus, dou graças e louvores ao Rei Jesus por tudo que Ele é, por tudo que Ele fez e faz em minha vida. As dores que pensei que me destruiriam, Deus fez tudo novo, Ele reconstruiu tudo e está escrevendo uma nova história em mim. Confie no poder do Senhor Jesus e, com fé, entregue a Ele o seu impossível.

Faça esta oração comigo:

"Eu sou grata porque o Senhor é bom e a sua misericórdia dura para sempre. Senhor, envia o Teu Espírito Santo e renova a face da Terra! Eu clamo a Deus para que o Espírito Santo d'Ele faça morada em todo o meu ser e em todas as áreas da minha vida. Eu peço a Deus que eu conheça verdadeiramente a minha identidade original de filha amada do Deus Altíssimo, que já foi planejada por Ele antes mesmo do meu nascimento, em nome de Jesus, amém!

Eu te agradeço, Jesus, por todos os livramentos que já me deu (os que eu tomei conhecimento e os que nem mesmo percebi), te agradeço pelo teu imenso amor, pela tua misericórdia e pela graça derramada sobre a minha vida. Declaro sobre a minha vida um tempo novo, de refrigério e de renovação. Jesus me torna um vaso novo. Agora sou livre das memórias negativas do passado e de qualquer disfunção nas minhas crenças de identidade, de capacidade e de merecimento pelo poder do nome de Jesus.

Declaro cura em minha mente e nas minhas emoções. Deus renova a minha fé, as minhas forças, o meu entendimento e a minha aliança com Ele. Jesus me transformou, Cristo vive em mim. Que o Espírito Santo de Deus possa fluir em minha vida. Que a sabedoria e o discernimento façam habitação em meu coração. Jesus, faça uma limpeza em meu coração e retire mágoas, toda falta de perdão e qualquer sentimento ruim que me afaste da Sua presença em minha vida!

Eu declaro, em nome de Jesus, que começo a viver hoje um romper na minha vida espiritual e na minha comunhão com Deus, que começa agora em minha vida uma nova estação cheia de novidades boas vindas dos céus, de esperança, de harmonia, de revitalizações divinas, de restauração de ânimo, de propósitos e de sonhos! Amém!"

Pontos para reflexão:

1) Reflita sobre os momentos mais desafiadores que você já enfrentou na sua vida. Como estava a sua fé nesse período e quais atitudes você tomou? As atitudes foram positivas ou negativas? Essas ações te ajudaram a ir para uma melhor versão de si mesmo ou te prejudicaram? Quais fichas caem neste momento?

____

____

2) Quais decisões você poderia tomar agora, que fariam deste ano de 2023 o melhor ano da sua vida até então?

____

____

3) Escreva em quais áreas da sua vida você decide viver um renovo neste ano de 2023.

____

____

4) Para cada área da vida que você decide viver o renovo de Deus, escreva três atitudes que te ajudarão a vivenciar o renovo.

____

____

5) Se você tivesse vivido uma experiência da qual você ficou muito perto de morrer, mas sobreviveu e teve a oportunidade de continuar vivendo a vida normalmente e a chance de mudar algumas coisas nela, o que você mudaria?

____

____

"

Somos chamadas para viver uma vida mais fervorosa em Deus e para alinharmos o nosso coração e os nossos sonhos aos d'Ele.

Karena Maria

Maria Ingred

Sou Maria Ingred Guimarães, tenho 29 anos, natural de Teresina, no Piauí. Sou missionária e empreendedora. Casada com o melhor contador deste Brasil, Leandro Santana, abaixo de Deus, o meu maior incentivador de estar aqui, juntos temos uma boutique de negócios.

Lidero o projeto Mulheres Indesistíveis, sou uma eterna apaixonada por desenvolvimento pessoal. Faço devocional todos os dias no Instagram.

mariaingredd

mariaingred@hotmail.com

+55 (11) 95981-6542

PERMITA-SE VIVER A TRANSFORMAÇÃO DE DEUS

15

Por Maria Ingred

Como as raízes passadas afetam nosso crescimento

Nasci num cenário totalmente controverso ao que sonhamos ter em nossa casa. Quando minha mãe se separou do meu pai, eu tinha apenas 1 ano de idade, então, sempre vi minha mãe lutando juntamente a minha vó e minha tia, para poder me educar e me proporcionar o melhor.

Os anos foram se passando e fui crescendo sem essa presença paterna, e isso foi abrindo um buraco dentro de mim, onde procurava suprir de várias formas, entre elas, com comida e relacionamentos amorosos com homens mais velhos. Certamente, foram relacionamentos fracassados porque buscava de forma inconsciente não um relacionamento, e sim um homem com cuidados de pai, pois, a falta dele me trouxe uma carência enorme. A minha relação com a comida, por muitos anos, foi o meu refúgio, sempre briguei com a balança.

Sempre fui uma menina muito alegre e simpática por onde passava, a minha simpatia era minha marca registrada. Vivia naquela famosa frase: "está sorrindo por fora, mas chorando e sangrando por dentro", era como se tivesse uma hemorragia interna que não estancava nunca. Conforme os anos foram passando, fui me tornando uma menina mulher amarga, orgulhosa e desacreditada de tudo de bom que um dia pudesse viver na minha vida.

Como nunca tive um pai presente e sempre vendo minha mãe sofrendo com relacionamentos, tinha uma crença dentro de mim: preciso da minha independência financeira, a minha casa, o meu carro e nunca quero me casar, pois, não tinha referência de família até então.

Passaram-se 12 anos, minha mãe conheceu um homem honesto, bondoso e batalhador, chamado Cesar Rogério. Foi o pai que convivi, ele abraçou a história da minha mãe e, de brinde, tinha uma Maria na fase da adolescência totalmente frustrada e cheia de traumas. Ele sempre fez de tudo por mim, acerca de respeito, cuidado e amor, sim, tivemos momentos difíceis como família, tivemos sim e muitos, mas fazia parte de todo o processo. Meu Pai biológico faleceu quando eu tinha 12 anos, foi uma perca e um ganho, pois no mesmo ano, minha mãe e Cesar foram constituir uma família.

Mesmo tendo uma família completa, meu coração ainda tinha sangramento que ia e vinha com frequência. E com isso, as pessoas com as quais me envolvia só me levavam para o fundo do poço, como estava cega, não percebia.

Vencendo o medo, a depressão e a síndrome do pânico

No auge dos meus 19 anos, fui surpreendida com 3 demissões em menos de 2 anos, uma mulher que começou a trabalhar desde os 14 anos, sempre pedia demissão para algo melhor, portanto, ser mandada embora foi terrível para mim. Dentro de mim existia uma arrogância, prepotência e frustação que já vinham dando sinais, e só me dei conta quando aquela confiança que tinha desabou.

Com a demissão, veio a depressão e o vazio que já existia, só que agora ficou pior, a comida e a bebida passaram a ser meu refúgio. Sim, bebia todos os dias e achava normal, afinal, era só para dar uma relaxada. Até que uma vizinha de apartamento convidou minha mãe para ir a uma igreja, que tinha campanha para vida financeira. Ali, prontamente, aceitei o convite. Só que mal sabia que era uma estratégia de Deus para me trazer a sua presença.

Chegando àquele culto, senti uma presença muito forte, que nunca havia sentido antes. Só chorava e eles falavam de um Deus que opera milagres, que transforma e cura, ali dizia dentro de mim: "Eu quero conhecer este Deus Todo Poderoso." Não prestava atenção na parte financeira, queria aquela presença dentro de mim, foi aí que começou a minha caminhada com o Senhor.

Com Ele, fui desconstruída. Ele curou meus traumas, minhas inseguranças, medos e dores. Quando O conheci, aprendi a exercer uma confiança genuína em que Ele iria mudar minha história, não basta somente ter um encontro com o Senhor, você precisa querer continuar caminhando com o Mestre.

Passei noites em claro, via vultos, pesadelos e não conseguia tomar banho sozinha, minha mãe tinha que ficar na porta do banheiro me esperando. Foram dias difíceis, mas mesmo passando por toda essa adversidade, decidi continuar aos pés do Senhor, porque a cada dia que O conhecia, queria mais e mais.

Tinha plena convicção de que iria ser curada, em Hebreus 11:1: *"Ora, a fé é o firme fundamento das coisas que se esperam e a prova das coisas que se não veem."* Pessoas que andavam comigo e bebiam comigo diziam: "Você está ficando louca, jamais conseguirá ser curada por este Deus. Vai tomar remédio, esta vida não é para você." Mesmo assim, segui persistindo e dizendo: "O Senhor vai fazer."

Por mais que estivesse naquele quadro vulnerável, mesmo assim, tinha o poder de decisão sobre minha vida, e a todo momento, escolhia o Senhor, houve dias terríveis, continuava ali chorando, clamando e gritando aos pés d'Ele. Hoje posso dizer que venci para glória de Deus.

O segredo está em ficar aos pés do Mestre, seja qual for a adversidade que você esteja enfrentando, convido-te a ir à presença d'Ele e você vencerá.

Relacionamento com Deus

Ter um relacionamento com Ele me trouxe muitas mudanças, entre elas: emocionais, comportamentais e físicas. Você deve conhecer aquela pessoa que chega no ambiente e é muito alegre, chama a atenção de todos: prazer, eu era assim (risos). Por conta do vazio que existia em mim, colocava essa máscara de falsa alegria, fazendo de conta que estava tudo bem sempre e que era super feliz, sendo que por dentro, era amarga, frustrada, egoísta, orgulhosa, prepotente e mentirosa.

Tendo um relacionamento com o Senhor, Ele foi me constrangendo e me ensinando um novo caminho, onde há perdão, verdade, partilha, amor, humildade, respeito e confiança. Foi um "processinho" com várias etapas, que juntos superamos.

Comportamental

Para o novo tempo que o Senhor tinha reservado para mim, precisava ter um novo posicionamento, exigia-me maturidade, disciplina e constância, ou seja, tudo o que não tinha. O Senhor sempre chama um improvável para exercer grandes projetos, porque Ele não vê somente seu passado ou seu presente, Ele tem o poder de enxergar seu futuro, e com Ele, seu futuro é transformador. Então, todas as vezes que o Senhor te fizer uma promessa, não se preocupe com seu estado atual, pois Ele já viu seu futuro, e com Ele, temos o selo de garantia, já deu tudo certo!

Estava prestes a me casar, com ele, veio o "pacotinho" da felicidade, suas 2 filhas, onde tivemos desafios que, se não fosse a maturidade e a sabedoria em Deus, não teria suportado. Uma empresa, que na época tinha 15 colaboradores, uma casa para coordenar, um marido, que além de tudo é um homem de negócios, sim, fui inserida num plano que, se o Senhor tivesse me mostrado o processo, jamais aceitaria.

O Senhor vinha me dando sinais o tempo todo, precisava mudar para viver os desafios e as bênçãos que Ele tinha para minha vida. Usava profetas, mostrava-me por oração que havia uma urgência de mudar meu posicionamento. Não foi fácil esse período de construção, teve dores, aflições e humilhações. A vontade de desistir a todo instante passava na minha mente, mas para cada nível de guerra que iria passar, o Senhor sempre colocava pessoas.

No meio desse furacão que jamais imaginei passar, Ele me ensinou a ser "*indesistível*" em meio ao processo, casamento praticamente falido, empresas para liderar e um ministério em desenvolvimento. Quando me vi naquele cenário, disse: "Senhor, quero parar com tudo, chega! Isso não é para mim." Automaticamente, comecei a me vitimizar transferindo minha parcela de culpa para outras pessoas.

Foi aí que descobri que sim, precisava assumir o governo de tudo que Ele colocou em minhas mãos, jamais o Senhor daria algo que fizesse você se perder. A responsabilidade do milagre é d'Ele, a manutenção é nossa. Ele estava me fazendo viver tudo que me prometeu e eu não estava sabendo administrar e manter a promessa.

Físico

A comida era meu refúgio, descontava todas as minhas emoções nela. Com isso, minha autoestima foi ficando de mal a pior, a ponto de estar ministrando, pessoas me filmarem e eu jamais repostar. Por mais que me ver sendo usada por Deus fosse tão satisfatório, olhava minha aparência e me sentia horrível, como se aquela imagem não estivesse combinando com o plano que Deus tinha para mim.

Por isso a importância de cuidar do corpo, alma e espírito. Nosso corpo é templo do Espírito Santo, se fiz uma aliança com o Deus, que mudou minha história, não poderia deixar que a glutonaria dominasse a minha vida. Em uma conversa com o Senhor em minha casa, lavando louça, disse que queria ser mudada, já não tinha mais forças para vencer aquilo tudo.

Ele me visitou de uma forma tão tremenda e me disse: *"Vai para frente do espelho!"* E eu só chorava, na terceira vez que ele falou, fui e não conseguia me enxergar, pois estava com cabelos claros e bem acima do peso. E ele me disse: *"Muda a cor do teu cabelo, passa a mão em todo seu corpo, eu vou mudar você."* Essa foi uma das maiores experiências que tive com o Senhor, Ele literalmente tem me transformado, tem me dado forças, faço exercícios e reeducação alimentar. Hoje lido diferente com a comida, ela não me domina mais.

Convido você a pegar um caderno em branco e dizer ao Senhor: "Eu preciso saber quais são os propósitos que o Senhor tem para minha vida?" Coloque um louvor de fundo e chame o Mestre para se assentar com você à mesa, aprendi que mesa é lugar de comunhão, decisão, entrega e aliança.

Quando decidi assumir o governo de tudo que o Senhor colocou em minha vida, tudo mudou e nasceu o projeto *Mulheres Indesistíveis*, que significa não desista do seu propósito, aprenda a ser indesistível em meio à dor.

"

Hoje uma menina improvável se transformou em uma Mulher Indesistível em Deus.

Maria Ingred

Marilda Cavalcante Mariano Torres

Sou Marilda Cavalcante Mariano Torres, pedagoga pela UESPI (Universidade Estadual do Piauí), em 1991, e especialista em Docência do Ensino Superior também pela UESPI, em 2003. Atuei como professora polivalente do Ensino Fundamental, nas cidades de Teresina e Oeiras. Fui diretora da Sociedade Educacional Paulo Freire (1992-2003).

Fui diretora do Campus da UESPI de Oeiras por três anos (2000-2002). Atuei como empresária no ramo de Acessórios Femininos. Além de pedagoga, ainda sou graduada no Centro de Treinamento Bíblico Rhema (2020). Destaco ainda que, além de docente, sou graduada na escola de Ministros Rhema (2022).

marildactorres@hotmail.com

SÓ PODIA TER SIDO ELE

16

Por Marilda Cavalcante Mariano Torres

Sou uma mulher nordestina, proveniente de Oeiras, primeira capital do Piauí, uma cidade pacata, ordeira, histórica e com uma identidade religiosa destacável no Estado. Devido ao seu espírito interiorano, a população se conhece e se respeita. Filha de comerciantes, de um grupo de quatro irmãos, sendo eles: Regina Cavalcante, Cláudio Cavalcante e Antônio Francisco Cavalcante; nasci na família como a caçula.

Os meus pais constituíram um casal próspero e inspirador por viverem harmoniosamente, de modo que nunca presenciei uma desavença entre eles. Minha mãe era uma mulher que estava sempre atenta aos filhos e fazia questão de uma boa conversa diária, sempre ao redor da nossa mesa de refeições. Dessas conversas, ficaram guardadas, na minha memória, os ensinamentos sobre a vida e o amor. Essa abnegada matriarca dizia que uma mulher, ao se casar, acompanharia o seu marido na prosperidade e em tempos difíceis. Surge em mim o modelo de esposa que seria.

Meu caro leitor, permita-me uma descrição da filha mais nova de João Mariano e Nilda Cavalcante (*in memorian*). Cresci rodeada de familiares e amigos, assim desfrutei de fases extraordinárias durante meu amadurecimento, com destaque para as excelentes memórias da infância e adolescência.

Eu gostava de construir novas amizades e preservar as conquistadas, assim como, junto a elas, brincar nas praças de Oeiras, viajar, ir ao Cine Teatro Oeiras, sair para dançar e, ainda, sobrava-me tempo para ajudar meus pais na venda comercial do Sr. João Mariano. Todas as atividades de lazer eram realizadas com muita responsabilidade, pois jamais poderia decepcionar aquele casal, que tanto me amava e que fazia tudo para realizar os meus sonhos. Nada me faltou, tudo foi impecável.

No tocante à relação com meus irmãos Regina e Cláudio, tivemos pouca convivência à época, pois eles saíram de Oeiras para estudar em Brasília. Na oportunidade, ficamos em companhia um do outro, meu irmão Antônio Francisco e eu, mas logo em seguida, ele saiu para estudar em Teresina. Diante da saída dos três mais adultos dos irmãos, enquanto caçula da família, fiquei para cumprir a missão de fazer companhia aos amados pais.

Com a chegada do período etário adequado, realizei o curso pedagógico em Oeiras, ficando habilitada a ministrar aulas no Ensino Fundamental. Seguidamente, fiz um concurso para o cargo de professora, no qual fui aprovada e tive que assumir a lotação na cidade de Teresina, no Piauí. Os meus pais, não querendo que a filha caçula ficasse longe de casa, sugeriram a transferência do concurso para Oeiras. No entanto, a minha permanência em Oeiras foi rápida, porque logrei êxito no vestibular para o curso de licenciatura em Pedagogia, da Universidade Estadual do Piauí.

Ao concluir o curso de Pedagogia, retornei definitivamente para Oeiras. Ao chegar, recebi um convite para ser sócia e diretora da Sociedade Educacional Paulo Freire, proposta aceita. Com o advento da função, durante a organização da festa junina da escola, conheci e me apaixonei de imediato por aquele que seria o grande amor da minha vida, Wagner Torres, um tenente vindo de Teresina para assumir o subcomando da então 3ª Companhia do 4º Batalhão da Polícia Militar do Piauí.

O namoro veio se desdobrando rapidamente, e aconteceu a oficialização após 1 mês de paquera. O tenente não era só dedicado ao que fazia, enquanto agente de segurança, era também altamente romântico, e com esse seu lado, surpreendia-me com cartas, telegramas, mimos de todas as formas, que vinham pelos correios ou através de mensageiros. Cada dia uma surpresa diferente. Ele era o namorado almejado pelas mulheres da minha geração, um verdadeiro conto de fadas. Entretanto, no namoro, fase crucial de conhecimento do parceiro, observei atentamente e percebi que, às vezes, o príncipe excedia a quantidade de bebida alcoólica.

Esse fato, deixou-me bastante preocupada, pois se tratava de um aspecto que poderia gerar problemas futuros, no caso, em um relacionamento ainda mais firme e duradouro, como o matrimônio. Tal fato desencadeou o rompimento do namoro, mesmo não sendo esse o meu desejo, visto que tinha encontrado alguém que despertou em mim o verdadeiro amor. Por causa disso, sofri com o término da relação. Mas, após alguns dias, recebi uma carta dele prometendo que nunca mais beberia. O amor e o desejo de o ter ao meu lado fizeram que acreditasse que a promessa seria cumprida. Assim sendo, reatamos e prosseguimos com os planos para nossa união matrimonial.

A realização do nosso casamento aconteceu após 10 meses de namoro. Tudo parecia perfeito, mas após o casamento, não demorou muito, meu amado esposo voltou a beber. E com a bebida, os problemas começaram a aparecer, o principal era que ele bebia ao sairmos e quando chegávamos em casa, ele continuava com a bebida.

Por ter sido tão bem-criada e não ter convivido com bebida, sabia que não era o que almejava para minha vida. Contudo, também era de meu conhecimento que havia casado para viver para sempre ao lado do meu esposo. Como era difícil conviver com a referida situação. Fazia de tudo para que meus pais não soubessem. Uma espécie de proteção ao meu marido. Isso se deu porque optei pelo meu casamento, visto que meu marido é um homem maravilhoso, atencioso e sempre procurou realizar os meus desejos. Além disso, via nele o esforço para deixar o nefasto hábito da bebida. Foram inúmeras tentativas, que chegavam a durar até 3 meses sem o consumo do álcool, infelizmente, nenhuma com sucesso definitivo. Diante dos fatos narrados, comungo a passagem bíblica de Provérbios 14:1: *"Toda mulher sábia edifica a sua casa; mas a tola derruba com suas próprias mãos."*

O tempo foi passando, e após dois anos de casados, tivemos o nosso primeiro filho, o "mui" amado Igor Torres, e com a vinda dele, renovou-se minha esperança do Wagner abandonar o vício do álcool. Infelizmente, o efeito foi contrário, pois a situação acabou se agravando porque muitas vezes não podia acompanhá-lo até tarde, por causa da criança. Cinco anos depois, fomos presenteados com mais um filho, a delicada e amável Luana Torres. A nossa família estava constituída da forma como desejávamos, ainda assim, o meu marido não conseguia deixar a bebida, mas continuei persistindo com o meu casamento.

Pautada sempre na tese do papel da mulher no lar, busquei prosperar ao lado da minha família. Assumi a direção do Campus da UESPI, em Oeiras. Após 02 anos à frente da gestão do Campus de Oeiras, tive que deixar tudo para trás e acompanhar o Wagner em uma nova empreitada profissional para ele, no caso, assumir o comando da então 4ª Companhia do 4º Batalhão da Polícia Militar, sediada em Paulistana. Na época, também tinha um comércio de aviamentos. Mas, era essa a nova situação que Deus reservava para a nossa família, a minha conversão.

Somente me encontrando com Jesus Cristo, que adquiri a sabedoria para batalhar pelo que tenho de mais precioso, a minha família. Logo depois que conheci a Palavra de Deus, por meio dos evangelhos e de toda a completude do texto bíblico, descobri e compreendi os planos de Deus para minha vida, conforme o que está escrito em Jeremias 33: 3, que diz: *"Eu é que sei os planos que tenho para você, planos de prosperar e não de causar dano algum."* Com a nova visão que recebi, ganhei mais força para continuar neste encontro com Deus. A partir dessa comunhão com o soberano Salvador e contato contínuo com o Onipotente, é que nasceu a esperança de uma mudança de vida para Wagner, o que viria de fato.

E foi isso mesmo que aconteceu, ele conheceu Jesus e, no mesmo dia, há 19 anos, foi liberto totalmente da bebida. Hoje eu e minha casa servimos ao Senhor. O nosso casamento é consolidado na rocha inabalável, no firme fundamento, na Palavra e no Amor de Jesus Cristo. Meu marido e eu vivemos um para o outro e nos realizamos mutuamente. Assim, aconselho que nenhuma mulher desista do casamento.

Entretanto, quando meu esposo foi transferido para a cidade de Paulistana, não foi uma empreitada fácil. Havia perdido minha mãe a pouco tempo, e por isso, sair do convívio das pessoas que amava, especialmente do meu pai, meu porto seguro naquele momento, deixava-me um tanto temerosa do que iria enfrentar. Foi um período difícil da minha vida, não sabia eu que, como diz a Palavra de Deus em Romanos 8: 28: *"E sabemos que todas as coisas contribuem para o bem daqueles que amam a Deus, daqueles que são chamados segundo o seu propósito."* Ou seja, ainda não tinha consciência da Palavra do Senhor, que estava determinada em Romanos.

Mas o Senhor já estava preparando o caminho para uma grande transformação em meu casamento. Sempre que revivo minhas memórias, nesse aspecto, costumo reportar ao que o Senhor disse ao Abraão em Gênesis 12: 1: *"Saia da sua terra, da sua parentela e da casa do seu pai e vá para a terra que lhe mostrarei."* Hoje compreendo que a mudança era necessária, deixar Oeiras e passar a viver em Paulistana.

Atualmente, o Wagner, com seus 55 anos, já aposentado da Polícia Militar, atua como diretor operacional de uma empresa de segurança. Em paralelo, atuo como empresária no ramo de acessórios femininos. O nosso filho Igor é administrador de empresas, aviador e policial penal, hoje, com

27 anos, está casado e feliz com Caroline Vieira, sua amada esposa. Minha preciosa filha Luana, com 22 anos, é estudante do curso de medicina.

Wagner e eu congregamos na Igreja Verbo da Vida. Já fizemos o Rhema e a Escola de Ministros. Também fazemos parte da ADHONEP (Associação de Homens de Negócio do Evangelho Pleno), da qual meu esposo é presidente e faço parte do apoio feminino. Graça e Paz!

Dialogando com você, meu caro leitor:

1. Como está sua intimidade com Deus?
2. Como está seu casamento hoje?
3. Você conduz sua família para o centro da vontade de Deus?
4. E você, mulher virtuosa, tem desenvolvido o seu valor?

Referência Bibliográfica

MEYER, Joyce. *A Bíblia da Vida Diária*. Bello Publicações: Belo Horizonte – Minas Gerais, 2012.

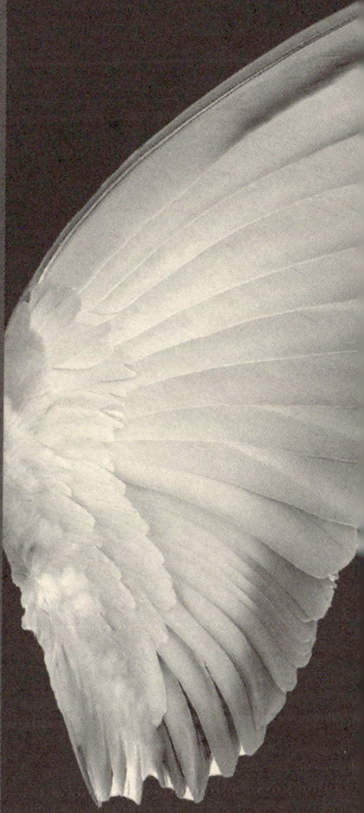

"

A intencionalidade me levou a ser feliz, amar, honrar o meu esposo e a conquistar a vitória com o Senhor.

Marilda Cavalcante Mariano Torres

Marília Brito

Sou mãe de dois filhos, casada com um homem que me inspira a ir mais longe e pastora de crianças de 3 a 6 anos. Formei-me em Direito, mas a vida me levou a trabalhar com design na fábrica de móveis, da marca piauiense Azzurra Móveis, empresa familiar, foi onde tive as primeiras lições sobre conciliar conflitos, desejos, sonhos e metas de crescimento da marca.

Saí de lá para liderar um time que energiza caminhos em Teresina e Fortaleza, os Powers, como chamo os colaboradores da Rede de Postos Planalto, onde atuo como diretora administrativa financeira.

marilia.marinho.brito

ESGOTANDO O ORGULHO EM DEUS

17

Por Marília Brito

Sempre achei que seguia a voz de Deus, sempre acreditei ter um acesso especial ao Céu. Comportava-me como verdadeira cristã, mas era tudo mentira. Primeiro porque, para seguir Deus através de Jesus e por meio do Santo Espírito, é preciso viver a real identidade, ou seja, ato de coragem que exige, antes de tudo, compreensão de si mesmo, entendimento de cada tendência reacionária que leva às nossas tomadas de decisão.

Hoje posso dizer que vivo na busca de ser quem Deus me fez para ser, e sempre, que de alguma forma, vejo-me no automático, aciono o poderoso joelho no chão, capaz de moer o orgulho e a arrogância. Você consegue entender que muitas pistas sobre quem somos são reveladas lá na infância? Mas antes disso, quem sou eu?

Sou mãe de dois filhos, meus maiores presentes e espelhos, casada com um homem, hoje temos nossos propósitos de vida unidos, vivemos em unidade e temos princípios que norteiam nossa família, nosso maior projeto. Poderia falar aqui só sobre a evolução do nosso relacionamento, que iniciou quando ainda tinha 15 anos, mas as páginas são poucas, não seriam suficientes, então, fui inspirada pelo Espírito a falar de identidade e orgulho.

Quando não me conhecia suficientemente em Deus, quando não entendia que meu jeito de ser, de pensar, executar e me expressar eram aquilo que Deus queria de mim, sofria calada numa busca sem fim de agradar e de dizer sempre sim. Vivia em função da família e dos parentes.

E como se não bastasse, mentalmente julgava, julgava e julgava. Sentença imediata em todas as pessoas, arrogância em me comparar, em querer ser e fazer melhor, arrogância e orgulho de achar que meu caminho era mais limpo, mais bonito e mais fiel a Deus.

Dizer "não" era o meu maior sofrimento, fazer o que sentia ser o melhor para mim, sem consulta e autorização prévia, era totalmente impensado. Ah! E quando queria algo, sempre vinha o rodeio, dava voltas aqui, voltas ali, para chegar ao resultado esperado, com as devidas afirmações de que tudo estava bem. Nada era culpa minha, tudo era os outros, e isso trazia a posição de autopiedade, vitimismo, fraqueza e, mais uma vez, orgulho.

O pior era que ainda me achava feliz assim, era cega para a realidade, para autorresponsabilidade, enganava-me e enganava os outros. Como é a vida de quem não se posiciona? E sobre não se posicionar, já posso afirmar que é uma forma de orgulho? Atrás de toda pessoa que não se posiciona firmemente existe um porquê indefinido e perigoso. Vamos lá! Digam-me como é a vida de quem se autoengana para mostrar aos outros que está tudo bem, que você vai resolver, ajudar e contribuir?

Quer saber como era a minha vida mentalmente? Um caos! Cansaço, incompetência, frustração e a autoestima lá embaixo. Um eterno fazer e fazer. A que custo, nós, seres humanos, queremos ter o controle de tudo: do tempo, dos resultados e das próprias emoções? Quando foi a última vez que você deixou sua lágrima cair? Quando foi que se ajoelhou, conversou com Jesus e entregou tudo nas mãos d'Ele? Sabe o que é pior? Vejo tanta gente tentando e sofrendo pelas próprias forças. Hoje, revisitei meus cadernos de orações e verifiquei cada batalha e cada desafio entregue ao Senhor. E ele foi me tratando e me transformando por meio de cada um desses desafios.

São funcionários que estão nos lugares errados, são desafios familiares, um filho com problemas na escola, um esposo que não vai à Igreja, problemas de saúde na família, indecisões na mente e instabilidade financeira. Pensa aí! Cadê os seus desafios, onde está a área mais desafiadora da sua vida hoje? Estou aqui para te dizer que a sua área de maior desafio é onde Deus mais quer curar, mas para isso, é preciso moer o seu orgulho.

Moer com lágrimas de entrega verdadeira da sua vida a Deus. Chega de lutar por suas próprias forças, chega de deixar tudo de lado e focar em qualquer outra coisa que não seja Deus. Acorda para a verdade, Jesus veio à Terra e, se algum dia, você já culpou Deus por alguma coisa, Ele já veio a esta Terra e já foi crucificado. Como um cordeiro entregue ao abate, Deus veio na figura de Jesus, estavam juntos naquela Cruz. Aquela cruz que tanto foi sinal de repúdio.

Entenda, é em cada desafio que está a oportunidade de pegar tudo de ruim e misturar com algo esplêndido: a graça de Deus e o Espírito Santo. Colete cada desafio seu e evolua para que cada pessoa que te veja enxergue em você a ação de Deus. "Ah! Mas já faço isso e não vejo mudança." Orgulho. Cuidado!

A melhor época para plantar uma árvore foi há 10, 20 anos atrás, e tem gente que acabou de conhecer verdadeiramente a Deus e já quer frutos e mais frutos. Calma! Mas uma coisa posso prometer, se seguir o caminho de Jesus, quando menos esperar e quando se der conta, estará vivendo a vida que Ele quer para você. Diariamente, exponho-me ao Santíssimo Sacramento, têm dias que meu radar capta tudo que Ele deseja para minha vida, têm dias que o barulho no meu coração é tão alto, que só vou e fico lá, mas não fico à toa, fico à espera da graça e da capacitação.

Quantos foram os profetas, os seguidores que sofreram em nome de Jesus? Se hoje você não sofre por todos aqueles que não amam, não adoram e não esperam em Deus, você ainda não despertou para a verdade. Orgulho. Orgulho cega, pois, a falta de viver a sua essência em Deus leva ao orgulho.

Você precisa ser em Deus um filho amado. Será que seu coração já foi tocado pelo amor de Deus? Arrebatado e constrangido de tanto amor? Deus me ama e te ama tanto, que Ele está em um conosco. Deus age constantemente para agir nas nossas vidas, mas Ele só age com a nossa autorização, com nosso desejo, nossa sede de estar e ser em Deus. E quando permitimos, na pior das dores, Ele está lá conosco. Mesmo que não sintamos ou não vejamos. E sabe por quê? Na nossa dor humana, na nossa fragilidade, ficamos cego para o Seu agir e para o Seu sofrimento conosco. Só vemos dor, imperfeição e julgamento.

Por isso é tão desafiante ser discípulo vivo de Jesus. Porque Ele conhece a verdade do nosso coração e, por mais que eu e você estejamos aí de cara limpa, bem-vestidos e pregando a Sua Palavra, nem sempre o coração está alvejado e límpido de amor de Deus. Às vezes, é preciso pedir perdão.

Qual a frequência desse pedido de perdão? Toda hora, a cada segundo. No mundo repleto de conhecimentos, talvez você já saiba que para julgar alguém, bastam alguns segundos. Tem gente que vai agir na sua vida, mas não conseguirá porque já foi julgado nos primeiros 8 segundos, no primeiro encontro e já foi repudiado.

O fato é que cada decisão e momento que vivi fez-me estar aqui e agora, escrevendo este sonhado capítulo, para agir conforme Deus quer. Antes, fui lá com Ele moer o meu orgulho. Você e eu seremos felizes e amados em Deus. E o que é felicidade mesmo? Uma série de eventos felizes. Felicidade está no detalhe apreciado, está na oração bem-feita, em verdade e coração aberto. Felicidade está em fazer da rotina o motivo de ser feliz. Felicidade é o ato de ousados, que apesar da falha, da derrota e da pequenez, decidiram fazer de cada momento desafiador uma semente de sabedoria. Decidiram moer o orgulho.

E sabe por que semente de sabedoria? Porque não basta tirar a conclusão certa dos momentos desafiadores, é necessário agir e plantar essa semente para que ela brote e traga os verdadeiros frutos. Todo dia é dia de plantio. Observe, sempre os desafios precedem a abundância em todos os aspectos da vida. É preciso muito amor para estar e aceitar alguém como é verdadeiramente. Aceitar-se e aceitar o outro, e assim, ter sempre o diálogo como premissa. Fomos criados para o amor, o ser humano foi criado para ser amado e para amar.

Como é desafiador! Imaginem, ao criar seres humanos, como seria se nesse caminho, os pais e familiares respeitassem o jeito de ser de cada filho? Aprenderíamos muito. Esse é um dos meus grandes desafios, esse é o desafio de todo pai e de toda mãe. Entender a potência e direcionar à formação. Sempre soube que minha missão de vida envolveria pessoas, desde o agir de Deus dentro do meu lar, até fora dele.

Continuo até hoje, a partir desse doar que tudo aconteceu, e uma coisa vai desenrolando outra. Quando você recebe uma missão, que sabe que é do Alto, são dois os caminhos: ou aprenderá a realizar através da dor ou do amor. Pelo amor, dá para poupar muito sofrimento, mas nem todos conseguem por conta da dúvida. Tenho certeza do agir de Deus na sua vida, você que chegou até aqui e agora lê, tenha certeza de que Ele age a todo momento como um Pai amoroso. Ele vai dar as respostas e não vai dar todas as respostas para permitir o real aprendizado. Ele vai permitir que você aprenda com a dor e com o amor.

Lembre-se de que Deus te dará o colo que você precisa sempre que pedir e, algumas vezes, Ele usará anjos na terra para esse acalento. Deus é real! O seu paraíso é real. Conheça os caminhos que Jesus percorreu e os princípios que Ele usou, e viverá o extraordinário, e muitos serão alcançados pela sua vida.

Desafio você a buscar se conhecer e, conhecendo-se, entender mais sobre o agir de Deus na sua vida. Desafio você a moer o seu orgulho. Desafio você a escutar com presença e verdade toda pessoa que chegar perto de você. Desafio você a amá-las mesmo na dor, porque há um tempo para tudo, e chegou o seu tempo de amar e ser amado.

Deus te abençoe!

"

Quando você
recebe uma missão,
que sabe que é
do Alto, são dois
os caminhos: ou
aprenderá a realizar
através da dor ou do
amor.

Marília Brito

Pérola Negra

Sou Ivani Lourenço dos Santos Chagas, tenho 48 anos, nasci em Corbélia, Paraná. Fui criada em São Pedro do Suaçuí, Minas Gerais, e resido em Macaé, Rio de Janeiro, desde 1993. Sou casada com o pastor e radialista José Ricardo, mãe de Nathan Yuri, 23 anos, e Calebe Davi, 12 anos. Possuo formação em Radio Operadora de Bordo e atualmente sou radialista.

Sou pastora e uma forte líder que atua em atividades religiosas, sociais e culturais. Também sou palestrante e defensora de pautas familiares. Fui homenageada pela Câmara Municipal de Vereadores de Macaé, recebi o título de Cidadã Macaense e, em 2022, concorri ao cargo de Vice-Prefeita.

perolamacaeoficial
ivani.lourenco.chagas@gmail.com
+55 (22) 99863-5337
perola negra

A FÉ QUE TE MOVE

18

Por Pérola Negra

A fé, segundo Hebreus 11.1, é o *"firme fundamento de coisas que se esperam, e a prova de fatos que não se veem."* Porém, cada um interpreta, entende e vive de diferentes formas. Para alguns, ela é essencial, a base de tudo. Para outros, apenas uma forma de crença em algo, ou até mesmo, de maquiar a própria incredulidade. E não é incomum ver e ouvir pessoas dizerem "eu tenho a minha fé", referindo-se apenas a um segmento religioso.

No entanto, o que as Sagradas Escrituras nos apresentam sobre essa pequena palavra, mas com poder imensurável, é sobrenatural. O que tenho experimentado ao longo da minha caminhada no evangelho, que relatarei neste capítulo, fez-me entender que não há limites para aqueles que creem.

Sempre me considerei uma mulher de fé, desde o início da minha trajetória no evangelho. Sou de uma família humilde, do interior de Minas Gerais, da cidade de São Pedro do Suaçuí, situada ao norte do estado, com aproximadamente 5.200 habitantes. Meus pais sempre deram o seu melhor para criarem os 10 filhos, éramos 12, porém 2, Deus levou ainda criança. Tive que trabalhar desde pequena para ajudar meus pais, que eram agricultores. Com 13 anos, comecei a trabalhar fora.

Em 1993, mudei para Macaé, Rio de Janeiro. Com 17 anos, muitos sonhos e esperança de alcançar meus objetivos. Nova cidade, novo estado, eu ainda muito ingênua, tudo a minha volta parecia nublado e desafiador. Não tinha currículo com graduações e experiências para conseguir um bom emprego. Tudo que aprendi a fazer, até os 17 anos, tinha a ver com as fazendas do interior e o trabalho simples da zona rural.

O novo parecia querer me empurrar de volta para o mesmo lugar de onde saí, pois agora me encontrava na cidade relativamente grande, conhecida como capital nacional do petróleo. O que sabia sobre isso? Nada. A única experiência que tinha era como doméstica, então fui trabalhar em uma casa de família. A minha inexperiência com a modernidade me deixava insegura, levando-me a muitas perguntas. Isso irritava a patroa, que era impaciente, e por vezes, humilhava-me, ao ponto de passar horas no banheiro chorando, sem condições de finalizar as tarefas, o que piorava ainda mais a situação.

Como já previa, devido a tantos transtornos, ela me dispensou. Eu não tinha para onde ir, então fui morar de favor com minha irmã, no local de trabalho dela. Não foi fácil encontrar um novo lugar para trabalhar e morar, pois estava em choque pela primeira experiência. O medo e a insegurança eram maiores do que eu.

Certo dia, conversando com minha irmã, tivemos a ideia de ligar para uma rádio da cidade e pedir para fazerem um anúncio sobre mim e meu trabalho. Trinta anos se passaram e me lembro como se fosse ontem, aquele locutor falando sobre mim: "Atenção, você que aprecia a culinária mineira e precisa de companhia, temos aqui o pedido de uma menina de 17 anos, que precisa trabalhar e morar no mesmo lugar, por não ser daqui."

Penso que muito mais que os ouvintes, Deus ouviu e abriu uma porta para mim, pois em menos de 5 minutos, o telefone tocou, era o filho de uma senhora que morava sozinha, e eles estavam à procura de alguém que pudesse morar com ela para servir de companhia. Era tudo que precisava! Deus seja louvado! Finalmente as nuvens escuras se dissiparam, e eis que começo a ver os primeiros raios de Sol.

Ela era uma senhora dócil, gostava de guloseimas e passávamos horas comendo pipocas com leite condensado e chocolates. Esse novo ambiente me ajudou a deixar para trás as amargas experiências. Voltei a estudar e a sonhar com uma profissão. Continuei ouvindo aquela rádio, que foi um canal de Deus para me socorrer. Sempre gostei de ouvir música, desde criança, pois não havia energia elétrica no lugar que morava, e o rádio de pilha era a nossa diversão.

Eu mal sabia, mas Deus já tinha escrito as linhas da minha história, pois mais tarde, tornei-me radialista também, e hoje, é uma das minhas profissões. Atualmente apresento o programa "Gerando Fé", de segunda a sexta, das 08 horas às 10 horas, pela Rádio Globo Gospel. Para ouvir, acesse: www.radioglobogospel.com ou baixe o App.

Ainda com 17 anos, apaixonei-me pela voz do locutor, que fazia à noite um programa romântico, cujo nome era "Panorama de Emoções." Nos falamos por telefone durante 6 meses, sem nos conhecermos, pois não tinha redes sociais como hoje. Completei 18 anos apaixonada por alguém, que não fazia ideia de como era pessoalmente. Mas tudo já estava nos planos de Deus, pois três anos e meio depois, este homem se tornou o meu esposo.

Com 21 anos, tomei as decisões mais importantes da minha vida. Entreguei-me a Jesus, casei-me e vivi a minha primeira grande experiência de fé. O processo de namoro, noivado, casamento e, principalmente, a permanência nesse matrimônio, você conhecerá nos capítulos do meu próximo livro.

Fé é um posicionamento, movimento e atitude!

Mas aqui, deixo registradas experiências que te levarão ao entendimento de que a fé é muito mais que uma nomenclatura religiosa, é sim um posicionamento. Você concluirá que o céu é o limite para quem crê, porque *"vivemos por fé e não por vistas"* (II Coríntios 5:17), pois a prática da fé consiste na atitude de se lançar de primeiro, além de colocar os pés para ver Deus estender o chão.

Pela fé, você precisa se mover para esquerda, direita, recuar, avançar, ou ainda, dependendo da situação, não se mover por um determinado tempo. Ao longo do capítulo 11 de Hebreus, vemos os heróis da fé em movimento, inclusive Abraão, pai da fé, caminhando três dias, levando o único filho para sacrificar. Uau! Que loucura!

Seja bem-vindo ao movimento da fé para viver o extraordinário! O versículo 6 diz que: *"Sem fé é impossível agradar a Deus, aquele que se aproxima d'Ele, é necessário crer que Ele existe e que se torna galardoador."* De todos? Não. Mas daqueles que O buscam. O fato d'Ele ser o Onipotente, o Misericordioso, etc, não significa que Ele vai fazer tudo por todos. Veja os detalhes: está escrito que Ele se torna galardoador dos que O buscam; então a minha parte é buscar, agir, tomar a iniciativa e me movimentar.

Fé é a coragem de correr riscos confiando no Deus, que não se pode ver, apenas crer

Minha primeira experiência de fé foi em 1997, quando me casei com 21 anos. Após 3 meses de casados, meu esposo mudou completamente, tornou-se frio, triste, distante e sem diálogo. Quando completamos 10 meses de casados, ele estava depressivo, e então, ouvi o seguinte: "eu nunca te amei e venho me esforçando e tentando, mas não consigo sentir nada por você."

Assim me perdi em meio aos sentimentos e me equivoquei, cometendo este grande erro: "Preciso do divórcio." Eu perdi o chão, fiquei estática por um tempo, enquanto um furacão de sentimentos se movia dentro de mim. Arrependimento, frustração, tristeza, dor e desejo de vingança, enquanto as lágrimas me banhavam. Passei a noite chorando e tentando planejar o que faria ao amanhecer. Muitas coisas passaram pela minha mente, mas como disse, "esse testemunho não será relatado aqui." Quero apenas dizer que nessa experiência, o meu posicionamento de fé foi não me separar, apesar das circunstâncias.

Lá no fundo, uma pequena centelha de fé regava a minha alma e me lembrava: *"Não existe nada difícil, nem impossível para Deus, pois tudo é possível ao que crê."* Então, sentia aquela centelha de fé crescendo como uma chama e me levando ao posicionamento, seguido da frase: "Divórcio é o que você quer, mas não é o que Deus e eu queremos, portanto, não vou me separar de você."

Ele se calou, olhou-me furioso e saiu da minha frente. Entendo que a fé é movimento, é posicionamento, crer que *"Deus traz à existência o que não existe"* (Hebreus 11:1), então não me separei. E por isso, Deus fez além do que pensei, pedi e esperei. A Ele a glória sempre! O processo foi muito mais doloroso do que podia imaginar, mas valeu a pena, pois Deus estava nos forjando, dando-nos experiências e nos preparando para cumprir o Seu propósito.

Certa vez, recebi um diagnóstico, e com ele, a instrução médica para iniciar um tratamento de 8 meses a 1 ano. Obviamente, não recebi bem aquela notícia e não queria tomar aquela medicação. Então declarei pela fé: "Eu tomo posse da minha cura sem precisar deste tratamento." E orei da seguinte forma: "Deus, o Senhor me criou com todas as células saudáveis e tudo em perfeito funcionamento. O Senhor pode ordenar e tudo voltar a funcionar perfeitamente. Eu reconheço que És o Onipotente, Médico dos médicos, eu te peço em nome de Jesus."

Ao término dos 8 meses, deveria voltar e refazer os exames para saber se os remédios tinham resolvido ou se deveria estender o tratamento para 1 ano. No consultório, ao comparar os exames atuais com os anteriores, a médica disse: "O resultado superou as minhas expectativas e estão melhores do que o esperado, está tudo certo. A medicação foi ótima e você procedeu corretamente." Então, expliquei tudo o que fiz e, inclusive, que não tomei a medicação.

Perplexa e sem acreditar, a médica indagou: "Como assim? O que você fez então? Não é possível!" Eu feliz respondi: "Orei e jejuei!" Expliquei sobre meu posicionamento, a fé e o poder de Deus. Nesse mesmo dia, a pedido dela, fui até a sua casa orar por sua mãe, que estava enferma.

Viver pela fé é dar passos confiando no Deus invisível, que está pronto para estender o chão diante daqueles que decidem colocar primeiro os pés. Entendo que Deus não responde aos porquês, pois Ele é soberano, age como quer, usa quem quer e não nos deve satisfações. Pois em tudo, Ele tem os seus propósitos. José, no seu processo, foi forjado e preparado para ser governador do Egito e livrar o seu povo da fome. Ester foi preparada para ser rainha e livrar o seu povo da morte. E eu, no meu processo, fui forjada, renovada e preparada para ser o que sou hoje: palestrante, discipuladora de casais, famílias e inclusive escritora.

“

Viver pela fé é confiar no Deus invisível, que está pronto a estender o chão diante daqueles que pela fé decidem primeiro colocar os pés.

Pérola Negra

Quézia Santana

Tenho 49 anos, sou casada com Magno Milhomem, mãe de duas preciosas filhas: Maria Vitória e Leticia. Sou formada em licenciatura plena em Letras, pela Universidade Federal do Tocantins (UFTO). Sou designer de interiores, empreendedora agropecuária e arquiteta em formação.

quezia.santanar

quezia.ribeiro26@gmail.com

+55 (63) 99108-7726

A VOZ QUE MUDOU MINHA VIDA

19

Por Quézia Santana

A nossa vida é uma sucessão ininterrupta de escolhas. Crises, para muitos intransponíveis, colocaram-me entre duas possibilidades: garantir a sobrevivência do meu casamento e a saúde mental e emocional das filhas, ou me afogar completamente em minhas mágoas e depressão. Tudo dependia de uma atitude de minha parte, uma decisão. Dois caminhos se divergiam bem na minha frente, precisava escolher.

Vinha de uma adolescência e juventude cheias de altos e baixos, inseguranças, frustrações, medos e com um enorme vazio em meu peito. Sentia-me sozinha, incompreendida e sem potencial. Mas mesmo com todos esses sentimentos, tinha um grande sonho: construir uma família.

Aos 21 anos, conheci um rapaz e, sem compromisso, começamos um relacionamento sem pensar muito no futuro e nas suas consequências. Dois jovens, com sonhos e objetivos totalmente diferentes, viam-se diante de uma posição a ser tomada: uma gravidez indesejada, seguida do desafio de uma vida a dois. Casamo-nos, e logo, veio o arrependimento: a crise em nosso relacionamento. A nossa convivência tornou-se monótona, as frustrações eram notórias em minha face, a tristeza tomava conta de mim e os sonhos, que um dia tive, foram embora.

Pensava que com o nascimento de Maria Vitória, nossa primeira filha, traria mudanças ao nosso relacionamento, que uma criança com sua doçura nos aproximaria. Mas não foi bem isso que aconteceu. Vivíamos esse sentimento momentaneamente, mas estava sempre presente em nosso relacionamento o desprezo, desconfiança, mentira, falta de diálogo e muitos outros sentimentos.

Ter um segundo filho? Fora de cogitação! Assim pensava. Gerei fortalezas em minha mente, que davam todo respaldo para esses pensamentos, como: "Ter outra filha para quê? Basta esta para presenciar tanto sofrimento! Ele vai me largar."

Isso tudo atormentava minha mente, minha alma ferida me levava ao consumismo, ou seja, comprar me fazia bem. Já que não era feliz com o casamento, enganava-me com compras, dívidas e ruínas, tornando-se aquilo um vício. Um vício que me aprisionava e não aceitava ninguém falar sobre isso. Tornei-me uma mulher antissocial. Meu mundo era a minha casa e o trabalho. Quem me via, nunca imaginava o que enfrentava e passava em meu interior. Porém, só me achavam carrancuda e mal-humorada.

Mas, mal esperava pela próxima grande descoberta: uma traição. Meu esposo estava tendo um caso, sua amante era minha melhor amiga, alguém em quem acreditava muito e que nunca passaria pela minha mente a ideia de tal atitude. Senti o meu chão se abrir debaixo de meus pés. Além de ser uma mulher desprezada pelo próprio esposo, o resto de confiança que ainda havia em mim se esvaiu completamente.

Com esse acontecimento, desconfiava de tudo e todos. As cobranças passaram a existir mais do que nunca, a agressão verbal se tornou algo constante em minha casa. Depois, muitas outras traições vieram, pois o respeito já não existia. Falar em separar era a coisa mais natural do nosso dia a dia. Com esses acontecimentos, mais do que nunca, desejei a morte, até mesmo, tentei projetar, mas no último momento, imaginava como ficaria minha filha. Quem cuidaria dela?

E essas dúvidas me levavam a não fazer tal loucura. Já não sabia se o que sentia era ódio, amor ou raiva. Amava quando meu esposo viajava, pois estar em casa só com a minha filha me trazia vida, nem que fosse momentânea. Tornei-me amargurada, fria, arrogante, sem sonhos e sem uma perspectiva de vida. Como consequência, não conseguia enxergar o tesouro que tinha ao meu lado: minha filha.

Passei a ser uma mãe ausente, precisava olhar nos olhos dela, mas não conseguia. Abraçava, mas um abraço frio, pois não declarava o meu amor. Chegava sempre em casa cansada, depois de um dia exaustivo de trabalho, e não dava atenção a minha filha como precisava. E o pior, achava tudo isso normal e que estava agindo certo. Minhas mágoas e dores interiores destruíram dentro de mim o verdadeiro sentido de ser uma mãe presente.

Vi na minha frente um pedacinho de um sonho, que tive ainda na juventude, ir por água abaixo: casar-se com alguém que me amasse e cuidasse de mim, que tivesse orgulho de mim, valorizasse-me, fosse companheiro, amigo e dividisse seus sonhos comigo. Isso tudo não passava de um conto de fadas, pois, a realidade que vivia era totalmente diferente.

Mas com tudo isso, não conseguia ver dentro de mim que estava alimentando a minha mente e as minhas emoções com pensamentos negativos. Passaram-se anos, de repente, em meio a toda essa turbulência, vem uma inesperada notícia: estava grávida novamente. Não era o que queria naquele momento, na verdade, a ideia de uma outra criança me assustava, como tudo que aconteceu e estava acontecendo.

Na minha profissão, descobri que no meio de uma reforma há ambientes que podem ser restaurados. E nessa restauração, às vezes é necessário expor para que o novo tome um lugar. E fui exposta, minhas finanças foram expostas, meu casamento foi exposto e minhas filhas foram expostas. Com esse entendimento, comecei a meditar sobre meus pontos de partida. A partir de quem, vi as minhas soluções? Daí descobri que, infelizmente, meus pontos de partida para uma restauração vinham de mim e não a partir do Senhor.

Por isso, dei tanta vida ao dia mal, tornando-me uma pessoa fechada e sem paz no meu quarto escuro, o qual projetei para mim. Escolhi esconder minhas emoções, não me deixar curar, aceitar as mentiras que as circunstâncias e o mundo me diziam, porque aquilo massageava meu ego doentio. Quando alguém se aproximava para ajudar nessa transformação e reconstrução, eu não aceitava. Achava-me totalmente incompreendida.

As fortalezas criadas em minha mente me faziam acreditar que não merecia, que nasci para sofrer, que ninguém me amava, que nunca seria feliz e nem amada por um homem. Mas um dia, dei ouvido à doce voz da verdade, que diz: "*Sai daí, filha! Saia do quarto escuro. Pare de passar a mão em suas feridas como se fossem curá-las. Pare de maltratar suas emoções, a pessoa que você realmente é e foi chamada para ser. Pare! A obra do seu quarto vai terminar e você vai ficar mais forte e mais linda. Deixe o propósito vir até você. Eu tenho para você o governo sobre suas ansiedades, tristezas e depressões. Sobre o orgulho, que tem te consumido, Eu tenho para você o governo sobre seu domínio próprio. Eu tenho para você, Quézia, o governo ao meu lado.*"

Na minha gravidez, uma força surgiu dentro de mim. E junto a ela, uma atitude de mudança. Descobri o sexo, Leticia estava chegando. Minha alegria plena (significado de seu nome), meu milagre. Uma nova Quézia surgiu ali, uma nova mãe e uma nova mulher.

Minha primeira preocupação foi liberar o que me aprisionava, decidi perdoar meu esposo e a amiga, pois tive o entendimento de que o perdão não é um sentimento, mas sim, uma decisão. Os meus sentimentos eram ódio, amargura, repúdio, inconformismo, entre outros. Eles tomavam conta de mim, entendi que precisava decidir por continuar sentindo tudo isso ou ter uma vida de paz. Quando ouvi e entendi isso, clamei ao Senhor: *"Devolve-me a alegria da tua salvação e me sustenta com um espírito pronto a obedecer."* Salmos 51:12

Decidi pela primeira vez seguir essa voz, deixar o eu, o orgulho e me entregar por completo. Esquecer todo achismo do meu eu e deixá-lo cair por terra, pois a voz do meu Amado me trazia segurança, portanto, sabia que podia confiar n'Ele e que Ele tinha a solução.

Desejei todos os dias me relacionar com Ele, ter o meu lugar secreto, conhecê-lo e me envolver na sua grandeza. E esse relacionamento com o Pai foi tirando as feridas de uma mulher amarga, transformando-a em uma mulher doce, onde o maior prazer era estar com suas filhas e esposo. Onde seu principal ministério é sua casa. O meu maior testemunho.

Tudo que vivi me levou a conhecer a grandeza, o amor de um Pai sobrenatural. Que faz aquilo que você não pode fazer, que entra onde você não pode entrar e vê o que você não vê. Pois o prazer d'Ele é restaurar e abençoar famílias. Deus não só tem restaurado a minha, mas a principal e maior obra, Ele tem feito. O meu contentamento e alegria, que há muitos anos não sentia, passei a sentir e ainda sinto. O contentamento, não pelas circunstâncias favoráveis, mas porque entendi que sempre serei contente com aquilo que Ele prometeu, por aquilo que Ele é e faz. Porque quando tenho esse entendimento, mesmo estando em circunstâncias difíceis, consigo sorrir. Pois, tenho certeza de que a vitória virá.

Hoje falo para meu esposo: *"Você é o meu milagre, meu "namorido", um grande homem. Tenho aprendido muitas coisas através do seu testemunho, do seu caráter e da sua perseverança."* Aprendi a ver as qualidades que ele tem e que antes não conseguia ver. Aprendi a gostar de estar com ele e a amá-lo. Obrigada, amor! Por me amar e me fazer feliz.

Hoje, aos 23 anos, minha filha Maria Vitória é minha amiga confidente. Aquela a quem um dia desprezei com minhas atitudes, Deus trouxe a cura aos nossos corações. Sou uma mãe babona pelo tesouro que Ele me presenteou. Uma filha admirável, companheira e a resposta das promessas de Deus na minha vida.

Tem um ministério abençoado, onde muitas vezes, ela testemunha dos feitos e maravilhas de Deus, dando exemplo da sua própria família. Agora, tenho a total liberdade, por ser curada e restaurada, de olhar nos olhos da minha filha mais velha, o que muitas vezes deixei de fazer durante sua infância e adolescência, e dizer que a amo.

Letícia, a mais nova, de 16 anos, minha alegria plena, tem trazido o real significado de seu nome ao meu lar. É inteligente, meiga, companheira e tem crescido muito na graça e conhecimento em Cristo. Hoje sou uma nova esposa e mãe. Aprendendo todos os dias a ceder e a melhorar, pois entendi que isso é contínuo na nossa vida. Com a certeza de que não trago do passado mágoas, mas lições. E que essas tais lições têm forjado uma Quézia bem melhor.

Não tenho dúvidas que as melhores coisas que fiz na minha vida foram ouvir a doce voz do meu Deus e deixá-lo fazer o que era impossível para mim se tornar possível. Obrigada, Deus! Por não desistir de mim e por me amar. Quero a cada dia viver o teu propósito em minha vida.

"

Não trago do
passado mágoas,
mas trago lições.

Quézia Santana

Raquel Carvalho Tomaz

Sou Raquel Carvalho Tomaz, tenho 36 anos, casada há 14 anos com Samuel Carvalho Tomaz, meu amado, meu pastor e amigo, com quem alegremente compartilho a vida. Mãe de 2 lindos meninos, Davi, 9 anos, e Lucas, 7 anos. Sou enfermeira, empreendedora e pastora por obediência ao chamado e escolha de Deus.

Pastoreio em uma cidade do Maranhão, Porto Franco, na mesma igreja, há pouco mais de 10 anos, Comunidade Evangélica Shalom, onde tenho a missão de orientar, aconselhar e instruir vidas na Palavra de Deus. Tenho mentoreado mulheres ao longo desses anos, ensinando-as a abraçarem as virtudes cristãs, tão abandonadas nesta época de grande influência do feminismo.

raquelctomaz

raquelcarvalhotomaz@hotmail.com

OBEDIÊNCIA, UMA PORTA DE ACESSO AO MEU PROPÓSITO

20

Por Raquel Carvalho Tomaz

A raiz da obediência

Uma das primeiras coisas que aprendemos quando criança é obedecer antes mesmo de falar ou andar, somos ensinados pelos pais, ou nossos responsáveis sobre a obediência. Obediência é um princípio bíblico que, assim como qualquer princípio de Deus, quando cumprido, nos dá acesso a viver promessas.

Mas, você sabe o que significa obedecer a origem da palavra? Vou te dizer: no dicionário, obedecer significa "submeter-se à vontade de alguém; estar sob o comando de alguém." Do latim *oboedire*: escutar/ouvir com atenção. No Hebraico (a escrita usada em quase todo Antigo Testamento), algumas palavras têm o mesmo sentido, como é o caso da palavra *shema,* que significa ouvir e, ao mesmo tempo, é usada para traduzir a palavra obedecer. Uau!

Você sabe o que isso significa? Para Deus, ouvir a Sua voz é a mesma coisa que obedecê-la, é um comando com resposta imediata. Quando Deus dizia ao povo de Israel: "*Agora, pois, ó Israel, ouve os estatutos...*"; ele esperava obediência. A obediência é uma convocação de Deus para intimidade com Ele, não é um peso, é uma oportunidade de viver uma vida extraordinária.

Quando criança, ouvia atentamente aos comandos que meu pai me dava e tinha um certo orgulho por me achar uma criança obediente, claro que as exceções existiam, mas no geral, sempre fui obediente. Lembro-me dele pedir para que eu andasse de patins apenas nas ruas perto de casa e não ir para avenida movimentada do bairro, e eu obedecia, lembro-me dele pedir para não brincar com determinados brinquedos, eu obedecia. Cresci debaixo desse princípio, como algo importante para mim.

À medida que entreguei minha vida para Deus e fui amadurecendo, entendi que obediência custa esforço, sacrifício, renúncia, mas os frutos que ela gera, são frutos de vida, na mesma proporção, entendi que desobedecer também tem um preço, e que ele é mais alto. Decidi que viver esse princípio era importante e comecei a abrir mão de muitas coisas que, por mais que desejasse, não me levariam a viver os projetos de Deus para mim. Abracei a verdade de que é melhor pagar o preço pela obediência do que o alto preço por desobedecer a voz de Deus.

Fiz dessa frase um trilho para minha vida passar, tenho experimentado o favor, a graça e a misericórdia de Deus todos os dias. Em cada etapa da vida, fui buscando viver essa verdade, quando me casei, era uma jovem de 22 anos, inexperiente em relacionamentos, mas amadurecida na fé. Busquei a aprovação dos meus pais, dos meus pastores e orientação das amigas casadas e mais maduras.

Fiz uma oração ousada e estava disposta a obedecer ao comando de Deus que viria através daquela oração. Na oração, disse a Deus: "Senhor, se este casamento for da tua vontade, confirma através da minha pastora, que ela também sinta paz." E é claro que até esse momento, já tinha a benção dos meus pais. No dia da conversa com nossa pastora, uma das frases que ela disse foi: "Senhor, meu coração está em paz a respeito deste casal." Ali tive mais uma resposta à obediência à voz de Deus.

Depois de três meses e meio de namoro, casamo-nos, e no momento exato que escrevo este capítulo, tem apenas 1 dia que completei 14 anos de casada. Eu decidi, através da obediência, viver os propósitos de Deus para mim, abrindo mão de muitos desejos, de lugares e pessoas que não me levariam a viver o que desfruto hoje.

A obediência nos tira da zona de conforto

A zona de conforto é um lugar muito perigoso, apesar de agradável, nela não precisamos nos esforçar tanto. Nem sempre ela representa um pecado, mas com certeza, representa uma mediocridade porque toda zona de conforto neutraliza nosso potencial e é capaz de destruir a nossa produtividade, consequentemente, nossas conquistas são prejudicadas.

Deus sempre nos impulsiona a viver seus propósitos através da obediência, mas é necessário confiar em que todos os planos d'Ele são melhores que os nossos. Quando Deus chamou Abrão, fez a ele uma promessa de ser pai de multidões, a mudança de vida foi tão grande que até o seu nome foi mudado para Abraão. O chamado foi para uma mudança geográfica, Abraão estava sendo chamado para viver um tempo novo, mas precisava sair da sua terra, do meio da sua parentela e ir para um lugar totalmente novo e desconhecido, era a hora de sair da zona de conforto.

Assim como Abraão, em minha vida também foi necessária uma mudança geográfica para que fosse preparada para viver as promessas de Deus. Fui expulsa da minha zona de conforto por muitas vezes e sempre agradeço a Deus por isso. Com pouco tempo de casada, eu e meu esposo fomos convidados por nossos pastores a cuidar de um pequeno grupo de oração e estudo da Palavra (chamamos de célula), em uma cidade que ficava a 100 km de onde morávamos, sabíamos que o desafio não era pequeno e que exigiria de nós tempo, dedicação e amor.

Aceitamos o desafio. O grupo, que era pequeno, começou a crescer e, logo a reunião, que era somente 1 vez na semana, passou a ser 2 vezes, e assim, a necessidade de abrir de fato uma congregação filiada à nossa igreja sede. Ainda nem éramos pastores de fato, mas sabíamos que logo isso aconteceria. As idas entre duas ou três vezes na semana já não eram suficientes para consolidar as pessoas que o Senhor estava acrescentando, e tivemos que nos mudar para aquela cidade. Parece simples, mas foi um momento bem difícil para mim, sair da minha cidade, de perto da minha mãe, não ter mais minhas amigas tão perto.

Deus estava tirando minhas "muletas" (pessoas e coisas nas quais me seguravam, como também, acreditava serem fundamentais ao lado) e me fez aprender a caminhar em uma dependência diferente, confiando n'Ele, e que cada passo desse desafio, ele me ajudaria. E aqui estou, mais de 10 anos depois, porque eu decidi verdadeiramente obedecer, mesmo quando não quero. Não caberia aqui tantos testemunhos de milagres, provisões e superações que vivemos através da obediência.

Nem sempre é fácil obedecer aos mandamentos, nem sempre é fácil viver o que Palavra de Deus nos orienta, isso requer esforço, sim, obediência é mutas vezes um esforço, porque obedecer, quando há concordância, é fácil, obedecer em discordância exige esforço e sabedoria. O Senhor disse para Josué: *"Estude este livro dia e noite, se esforce para viver de acordo com tudo o que está escrito nele."* Josué 1:8 NTLH

Obedecer à voz de Deus e do meu esposo para mudar de cidade, rotina, ou seja, mudar totalmente nossas vidas, não foi fácil. Porém, entendi que muitas vezes Deus nos tira da zona de conforto, do lugar que queríamos estar, e nos leva para um lugar que não queríamos, para que o nosso propósito seja cumprido. A obediência nos faz entender que não somos chamados para viver apenas propósitos pessoais, mas propósitos do Rei, do Reino.

Adão e Eva tiveram a oportunidade de viver uma vida perfeita, desfrutavam de um ambiente de paz e harmonia e ainda eram visitados por Deus ao cair da tarde, para um momento de comunhão diária (Gênesis 3:8). Porém, o pecado da desobediência afastou o casal do propósito original de Deus para o homem (um relacionamento de intimidade e sem barreiras entre Criador e criatura). Eva preferiu acreditar na mentira da serpente a validar e obedecer ao que Deus já havia falado, eles podiam desfrutar livremente de todos os frutos do jardim, exceto um, o fruto da árvore do conhecimento do bem e do mal. O resultado dessa desobediência, todos nós já conhecemos, o casal foi expulso do maravilhoso jardim e passou a sofrer consequências, que se estendem até a nossa geração.

A desobediência daquele casal revela muita coisa, inclusive ingratidão, pois eles tinham muitos frutos para provar e desfrutar dos seus sabores, mas optaram por comer o que era proibido. A desobediência nos afasta dos propósitos de Deus e nos tira de lugares de honra. Com essa história, aprendo que: quando ouvimos vozes erradas, somos afastados do nosso propósito; quando optamos pela desobediência, as consequências vão além de nós: nossos filhos, casamento, trabalho, ministério e saúde também podem ser afetados. A desobediência nos tira de lugares de honra que poderíamos estar ou que já estávamos (Adão e Eva foram expulsos daquele maravilhoso jardim). A desobediência atrai maldições (Leia Deuteronômio 28). A desobediência atrai a ira de Deus (Leia Colossenses 3:5).

Mas, a obediência gera bençãos e nos dá o direito de colher aquilo que semeamos. Agora, quero lhe perguntar, mulher, qual área da sua vida precisa ser ajustada? Em quais áreas, você está deixando de desfrutar o melhor de Deus, exatamente por que não consegue obedecer? Lembre-se de que obedecer é melhor do que pagar o preço e do que se sacrificar.

A obediência pode não trazer uma alegria momentânea, como foi o meu caso, quando tive que mudar de cidade, mas optei por confiar em Deus no processo que ele estava me lapidando, moldando-me e preparando para me lançar ao meu propósito. Muito do que vivi, as dificuldades que enfrentei, uso como ferramenta de trabalho para ajudar mulheres a viverem o seu propósito. Pense nisso, tudo que você está vivendo servirá de testemunho para muitas pessoas que precisam da mensagem carregada aí dentro de você. Pare de desobedecer e viva seu propósito.

Jesus, o próprio Filho de Deus, obedeceu ao Pai quando lhe foi dito para morrer na cruz para nos salvar. Ele se angustiou, sofreu e até pediu que o Pai o livrasse daquele momento, mas ele sabia que esse era o seu propósito e preferiu obedecer. Hoje somos alcançados pelo perdão e misericórdia de Deus e pela obediência do nosso amado Jesus.

Saia da sua zona de conforto hoje, tire seus lindos projetos do papel, obedeça à direção de Deus para sua vida e comece a viver um novo tempo sobre sua história. Deus te abençoe!

Aplicação

1. Quais áreas da sua vida não estão em obediência?

2. Quais atitudes você deve tomar para mudar esta situação?

3. Registre abaixo as consequências ruins que você já teve por ter desobedecido às orientações de Deus para sua vida.

4. Descreva agora o que você acredita que poderá viver se obedecer e fazer aquilo que sabe que deve ser feito.

“

A obediência é uma convocação de Deus para intimidade com Ele, não é um peso, é uma oportunidade de viver uma vida extraordinária.

Raquel Carvalho Tomaz

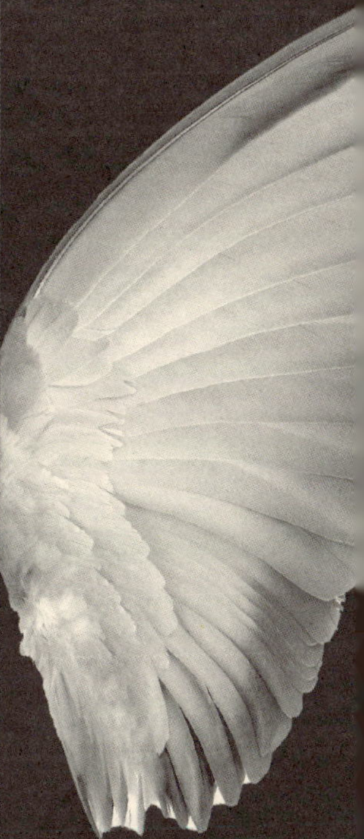

Pra. Ruth Maia

Sou natural de Araguatins, no Tocantins, moro atualmente em Augustinópolis, Tocantins também. Esposa de Ronaldo Miranda da Silva, mãe de 4 filhos lindos, ungidos, preciosos e meus apoiadores: Manoel, Sofia, Heloisa e Hadassa.

Pastora da Comunidade Evangélica Shalom, pedagoga pela Faculdade Interativa COC. Teóloga formada no IBTS (Instituto Bíblico Teológico Shalom).

Renovada por Deus para ajudar, amar, cuidar e servir no Reino de Deus, restaurando e curando vidas através do nome poderoso de Jesus Cristo. Sou uma mulher apaixonada por cura e libertação.

pra.ruthmaia
+55 (63) 99991-8790
ruth.ma.ia@hotmail.com

RENOVAÇÃO ATRAVÉS DA CURA E LIBERTAÇÃO DE JESUS CRISTO

21

Por Pra. Ruth Maia

Dentro de todo um histórico vivenciado durante esses 41 anos de vida, tenho muita coisa a relatar, algumas compartilharia como vitórias, outras relembraria como experiências e aprendizados, pois tudo na nossa vida parte de experiências e, cada uma delas, podemos receber porções de renovação da parte de Deus para as nossas vidas, afinal, na nossa vida, temos a oportunidade de aprender mesmo com escolhas, muitas vezes, não tão assertivas. Mas vejo que quando encontramos o sentido de tudo, a nossa caminhada se torna mais alegre, doce e feliz.

Qual direção e sentido te fazem viver? Encontrei este sentido que para mim, em um tempo da minha vida, havia perdido ou nunca tinha encontrado talvez. Vim de uma família simples, filha de Manoel Moreno Maia e Ezair Pereira de Sousa Maia, onde recebi amor, cuidado, proteção e afeto. Foram eles que tiveram a grande função de me educar, sempre buscando ofertar a cada filho o melhor deles, meus pais sempre priorizavam a família.

Não nasci em um berço evangélico, recebi influências da Palavra de Deus através dos meus pais, mas na visão do catolicismo, porém tive influência do evangelho através da minha vó materna, Maria Mercê de Sousa, que era evangélica da 1ª Igreja Batista, morávamos juntas em Araguatins, ela sempre me levava para igreja e sempre estava lendo a Palavra de Deus dentro da casa dos meus pais. Tive uma infância e adolescência tranquila, regada de cuidados e amor da minha família.

Porém, na minha juventude, comecei a fazer escolhas que foram acrescentando espinhos (dor na alma), onde geraram várias consequências em minha vida adulta, dentre elas, relacionamentos emocionais frustrados, que para mim, no momento, eram bons, porém chegou o dia de receber a conta, ou seja, o estouro de um *iceberg* emocional.

E tudo isso gerou em mim dores e traumas, onde só podem ser renovados e restaurados através de uma cura genuína, que nenhum homem da terra pode nos entregar. A Bíblia nos fala que: *"Só ele cura os de coração quebrantado e cuida das suas feridas."* Salmos 147:3

Mas até o momento da minha vida, convivendo com traumas e dores emocionais, ainda não havia descoberto o poder transformador de ser uma mulher renovada em Deus. E diante de toda essa dor, de uma jornada em que as escolhas da minha vida não foram feitas e direcionadas pela vontade de Deus, todo o plantio começou a florescer e me vi em meio a um jardim espiritual de frutos, de dores, tristeza e de escolhas frustradas.

Porém, existem sentimentos e dores que são geradas dentro de nós e, muitas vezes, nós mesmo as anestesiamos por medo de encarar e vencer elas. Muito desse misto de emoção e sentimento ficam anestesiados dentro da nossa alma, esperando um momento certo para nos derrubar e desistirmos de tudo.

No ano de 2010, estava vivendo um período de vida tranquilo aparentemente, pois como tinha falado, havia algo em meu emocional que sempre fazia visitações. Estava encerrando um expediente em meu serviço, senti vontade de ir até a casa de uma amiga (tratarei como amiga para não comprometer a sua real identidade), ao chegar, deparei-me com um cenário muito triste de enforcamento, que foi impedido por minha atitude quando a tirei daquele cenário de dor e morte. Graças a Deus, ela sobreviveu e hoje é serva de Cristo Jesus.

Já não imaginava que iria passar por um dos momentos mais difíceis de minha vida. Fui para minha casa e tentei continuar minha vida normalmente, porém já não me sentia a mesma pessoa. Passei a sentir medo de tudo, passei a ver vultos e ouvir vozes dizendo que eu iria morrer e que iria me matar. Mas até o momento, tentava me segurar sozinha, administrar sozinha, pois tinha que ter estrutura para cuidar de três filhos, que eram muito pequenos ainda e dependiam 100% de mim. Além de cuidar do meu esposo e da minha casa. Enfim, chegou um momento que não consegui mais, já debaixo de choros e de surtos, não dormia e não comia, minha vida passou a ser uma vida de desequilíbrio e pânico.

Meu esposo se reuniu com minha mãe e minha sogra, começaram a ver uma maneira de me ajudar e, até mesmo, de me entender, pois toda aquela situação era nova para todos eles e, muitas vezes, era incompreendida. Então me levavam para igrejas, levavam-me para psiquiatras, levavam-me para psicólogos e fui diagnosticada com depressão e síndrome do pânico.

Passei a ser acompanhada por médicos e por remédios fortíssimos, onde durante 2 anos, foram roubados muitos momentos da minha vida familiar e pessoal. Tive muitos picos de surtos psicóticos, onde tentei suicídio, graças a Deus que não foram bem-sucedido. Nossa rotina familiar (esposo e filhos) foi totalmente assaltada pela assolação da doença emocional que me acometia e, muitas vezes, via as rotinas da minha mãe, meus irmãos, minha sogra e meus cunhados serem mudadas para me apoiarem nessa jornada de dor e sofrimento, sempre buscando que fosse curada. Sim, tive total apoio deles, quero relatar aqui que minha mãe e minha sogra praticamente mudaram para dentro de minha casa, para cuidar de mim e de meus filhos.

Dentro desse tempo, eu ainda não era evangélica, minha mãe já estava indo a uma célula e minha sogra era católica, perto delas sentia paz e segurança, sentia também perto da minha filha Sofia, que me ajudava muito, sempre muito querida e cuidadosa comigo. Hoje, posso dizer que estava no fundo do poço, ou talvez, abaixo do fundo do poço, pois na minha mente, eu já havia desistido de lutar. Mas Deus, quando tem um propósito na vida de uma pessoa, Ele trabalha do jeito d'Ele e, muitas vezes, não entendemos. Só passamos a entender o trabalhar de Deus quando passamos pelo processo e vencemos as lutas e aflições, tornando-nos renovadas e vencedoras em Cristo Jesus.

O convite chegou e o renovo estava perto. Foi em agosto de 2012 que a grande mudança começou a acontecer em minha vida, sabemos que para sermos vencedoras em Cristo, devemos romper com obstáculos e ser mais fortes que nossas dores, medos, traumas e tristezas. Mas foi pelo processo da dor, que aprendi tudo isso e, naquele momento de minha vida, precisava de um resgate, gerando assim um renovo.

Fui convidada por minha mãe a ir ao encontro de mulheres com Deus, na sede da Comunidade Evangélica Shalom, em Imperatriz, no Maranhão.

Tive muitos encontros na minha vida: com a depressão, desilusão, medo, síndrome do pânico, desespero, morte e rejeição. E foi nesse lugar, nesse encontro, que recebi o renovo de Deus em minha vida, pois esse encontro foi com quem poderia tirar minha dor, com quem poderia mudar a minha mente, poderia mudar meu caráter e mudar minha visão. Enfim, fui curada, liberta e transformada. Vim de lá livre de remédios antidepressivos, que tomava e anestesiavam a minha dor, pois, cura genuína provém de Deus.

O vazio que existia dentro da minha alma foi preenchido pelo poder da Palavra de Deus e agora flui de dentro de mim rios de águas vivas. A escuridão saiu dando lugar para a luz de Deus. Tomei a melhor decisão da minha vida: aceitar Jesus como meu Salvador. De mulher fragilizada, passei a ter uma nova identidade em Cristo Jesus.

Posso afirmar que Deus permitiu que passasse por tantos vales, montes e desertos, para que a promessa dele se cumprisse em minha vida, pois sei que sou fruto de orações de minha vó, que orava todos os dias por nossas vidas, e sua oração foi atendida no céu. Quando me rendi a Cristo, meu esposo se converteu a Jesus Cristo e, um ano e três meses depois da minha conversão, toda a minha casa também, através de orações, jejum e testemunho de mudança em Cristo. Temos visto o sobrenatural de Deus acontecer todos os dias em minha vida e na minha família.

Ao chegar esse encontro com Deus tão transformador, passei a entender que não poderia ficar com essa mudança somente para mim, comecei a firmar meus pés e me aprofundar cada vez mais na caminhada cristã. Um desejo que sempre arde em meu coração é derramar a cura e a libertação, que recebi em Deus, na vida de cada pessoa que necessitar. Através dessa decisão que tomei em minha vida, de aceitar o renovo de Deus, foi aberta uma célula em minha casa, logo uma Igreja Comunidade Evangélica Shalom, em Sampaio, no Tocantins.

Dos frutos de tristeza, passei a gerar frutos de honra e vida, e hoje, pastoreio junto a meu esposo 3 igrejas: Comunidade Evangélica Shalom, em Augustinópolis e em Araguatins, no Tocantins, como também, em Balsas, no Maranhão; células em Araguaína, também no Tocantins; e Elvas, em Portugal, debaixo da cobertura apostólica de minhas lideranças, Pr. Manoel de Melo Bezerra e Ap. Antônia do Carmo Santiago Bezerra, presidentes do ministério, por fim, Ap. Noe Bezerra, que cuida da minha vida espiritual e da minha família.

Sigo confiante na Palavra de Deus, que fala:

"Estou convencido de que aquele que começou boa obra em vocês, vai completá-la até o dia de Cristo Jesus." Filipenses 1:6

Então, caro leitor(a), creia no poder de Deus e confie no Senhor Jesus Cristo, pois somente Ele pode mudar sua vida. Hoje, sou sim uma mulher renovada através de Jesus Cristo e reproduzo tudo que tenho recebido de Deus, pois minha maior alegria é ver vidas sendo curadas e restauradas através de Jesus Cristo. E falo sempre que a Palavra de Deus cuida de vidas e é o meu alimento diário.

Acredite! Você pode ser renovada, não desista!

"

Ser renovada depende de uma decisão: servir a Cristo!

Pra. Ruth Maia

Sheiny Fernandes

Sou mãe de 2 filhos lindos e incríveis, Camille e João, casada há 23 anos com um homem escolhido por Deus, Jocenildo Fernandes, que me faz ser uma mulher renovada e realizada a cada dia. Formada em Letras, atuando como professora há 23 anos, uma missão desafiadora nos dias de hoje.

Há 5 anos, treino e ajudo pessoas através do *coaching* e como analista de perfil comportamental. Sou mentora de mulheres empreendedora, uma apaixonada por desenvolver pessoas e talentos. Meu propósito está em ativar e desenvolver mulheres em suas jornadas no empreendedorismo, para que não se sintam mais sozinhas e possam viver a boa, perfeita e agradável vontade de Deus. Também sou treinadora comportamental, empresária e criadora do evento "Brilhe Mulher."

sheinyfernandescoach

brilhemulheroficial

VIDA A DOIS: CONHECENDO A ESSÊNCIA DE DEUS

22

Por Sheiny Fernandes

Há mais de uma década que trabalho com o desenvolvimento humano, seja na caminhada ministerial, educacional ou empresarial, recebo e continuo a receber muita gente que enfrenta sérias dificuldades a respeito da vida conjugal. Os motivos são diversos, há quem não expresse o amor, outros alegam que se doam demais, outros desejam receber mais atenção do cônjuge. Também há aqueles que acham que se casaram com a pessoa errada, os que fantasiam sobre o amor perfeito e, como não o encontram, sentem-se profundamente frustrados e sozinhos na vida a dois.

Infelizmente, a falta de perspectiva positiva sobre o futuro, referente à relação e a todo esse emaranhado de sentimentos e comportamentos negativos, fez com que o divórcio se tornasse inevitável em muitos relacionamentos conjugais. Essa é uma constatação triste e atual que eu e meu esposo presenciamos em nossa jornada cuidando de casais.

Mudando atmosferas conjugais

Na Bíblia, Deus fala muito sobre o casamento e o valor que Ele atribui a essa instituição sagrada. Em Gênesis 2:24, Ele diz: *"Por isso deixará o homem o seu pai e a sua mãe, e apegará à sua mulher, e serão ambos uma carne."* Para Deus, o casamento bíblico é uma união sagrada entre um homem e uma mulher, que deve ser permanente, insolúvel e indivisível em qualquer estação sentimental.

Lembrando que qualquer mudança real, duradoura e sustentável sempre começará a partir de você mesmo. Essa é a maneira mais segura de não terceirizar a culpa, isentando-se da responsabilidade devida a cada um.

Quando se trata de vida a dois, é mais cômodo olhar para o outro e encontrar defeitos e possíveis incompreensões, mas a questão central, por onde deve começar uma genuína mudança no casamento, levará em consideração dois pontos fundamentais: autoconhecimento e conhecimento do Alto. O primeiro fará você olhar para dentro, enquanto o segundo fará você olhar para Deus.

Metamorfose conjugal

Você se lembra da música escrita por Dorival Caymmi e interpretada por Gal Costa, que fez sucesso na TV na década de 1970: "Eu nasci assim, eu cresci assim, eu sou mesmo assim, vou sempre assim. Gabriela?" Esse comportamento é chamado de "síndrome de Gabriela", observado em pessoas que acreditam não precisarem mudar sua maneira de ser. De fato, não é nada fácil mudar nossos comportamentos e temperamentos. A boa notícia: é plenamente possível transformá-los.

Em Romanos 12:2, é possível entender que para provarmos a vontade de Deus, *"que é boa, perfeita e agradável"*, no casamento, será necessário passar pelo processo de renovação da mente. A recomendação é: "Transformai-vos." A palavra grega que o apóstolo Paulo usa é "metamorfose", que significa uma transformação de um ser em outro ser, uma mudança total na forma.

Como afirma Mike Murdock: "Você nunca mudará sua vida até que você mude alguma coisa que você faz diariamente." Infelizmente, muitos casais precisam, mas não querem, submeter-se ao processo. Deus espera que dentro de você haja um desejo profundo por mudanças efetivas. Entenda que só há metamorfose se houver metanoia (mudança de mentalidade).

Espelho conjugal

É muito atual o que o filósofo Sócrates sabiamente declara: "A vida não examinada não vale a pena ser vivida." Quanto mais você se conhece, mais você se aproxima do outro. A receita é simples, use mais o espelho do que a vidraça. "Eu te odeio! Quer casar comigo?" Você já encontrou alguém que tenha feito esse tipo de pedido? Eu creio que não. As pessoas se casam por amor, porém, de forma paradoxal, o índice de divórcio continua aumentando a cada ano.

Imaginar que aquele amor que vocês têm um pelo outro não será o suficiente para enfrentar os conflitos e crises é assustador, não é mesmo? Existem diversos fatores que levam um casal ao divórcio: falta de comunicação, infidelidade, problemas financeiros, divergências em relação aos valores e objetivos, incompatibilidades de personalidades, abuso emocional entre outros.

Muitas vezes, a falta de habilidade e conhecimento em lidar com os problemas e conflitos agrava a situação. Talvez, parte dos conflitos que você vive com seu cônjuge vem do desconhecimento do outro. Aceitar o seu perfil comportamental e o perfil do seu cônjuge é uma ferramenta importante para um casamento saudável, equilibrado, pleno e extraordinário.

Quando você se conhece e entende o seu perfil comportamental, você se torna um especialista de si mesmo, de suas atitudes, sua fala, sua expressão, habilidades e capacidades. Esse é um processo que levará você a um crescimento e à tomada de sabias decisões. Sua comunicação fica mais assertiva e prazerosa. Quando você não se conhece e não conhece seu cônjuge, os julgamentos se tornam uma prática constante e dolorosa, para não dizer abusiva, a ponto de achar que tudo é óbvio.

Junto a seu cônjuge, descubra o que funciona e o que não funciona na comunicação entre vocês. Faça uma lista dos momentos em que vocês conseguiram ter uma conversa completa, empática e produtiva. Perceba como vocês se tratam, quais comportamentos incomodam um ao outro, as palavras liberadas e o impacto que gera no ambiente familiar. Meu marido e eu nos casamos jovens sem muita experiência. Embora fossemos inexperientes desde o namoro, decidimos priorizar, em nosso casamento, o diálogo. Quando olhamos para dentro de nós mesmos e nos reconhecemos, valorizamos mais as diferenças do outro. Busque sempre o autoconhecimento.

Construir uma vida a dois saudável e feliz parece um grande desafio, mas saiba que é perfeitamente possível. Pois, tudo vai partir de uma decisão. A todo momento, em nossas vidas, tomamos decisões. Essas, consequentemente, produzem resultados e consequências que podem ser agradáveis, saudáveis ou não. A Bíblia nos ensina em 1 Coríntios 13:4-7: *"O amor é paciente, o amor é bondoso. Não inveja, não se vangloria, não se orgulha. Não maltrata, não procura seus interesses, não se ira facilmente, não guarda rancor. O amor não se alegra com a injustiça, mas se alegra com a verdade. Tudo sofre, tudo crê, tudo espera, tudo suporta."*

Fomos feitos de amor e para amar. Se você, de algum modo, decidiu permanecer neste relacionamento, contribua com o seu melhor, decida valer a pena. Amar, antes de ser um sentimento, é uma decisão. Quando nos unimos a alguém, precisamos ter a consciência de que cada um é de um jeito, cada pessoa pensa e age de uma forma peculiar, e cabe ao casal entender cada perfil de comportamento e buscar estratégias e soluções (flexibilidade) para que as diferenças de personalidade e pensamentos não acabem com uma aliança sonhada e projetada por Deus.

Precisamos compreender que somos indivíduos únicos. Que homens e mulheres são diferentes, nem melhores nem piores, mas apenas diferentes, cada um trazendo sua bagagem familiar, cultural e espiritual, para juntos viverem a vida a dois. Dentro da mochila de cada um está a criação e os ensinamentos que absorveram dos pais, também, personalidades, temperamentos, experiências, traumas, medo da rejeição, inseguranças e expectativas.

Compreender as forças inconscientes que nos dominam é o primeiro e grande passo para tomarmos decisões mais acertadas. Ao ter consciência de como funciona sua personalidade e a do seu cônjuge, você utilizará pequenas ações ou ajustes na comunicação que transformará positivamente seu relacionamento. Willian Marston, PhD em Psicologia pela *Harvard University*, criou os fundamentos da teoria DISC, hoje reconhecida internacionalmente. Desenvolveu sua própria teoria sobre os diferentes estilos de comportamentos, classificando-os nos fatores: dominância, influência, estabilidade e conformidade. É possível analisar esses 4 fatores de qualquer pessoa (esposo, esposa, filhos e até seus colaboradores) apenas observando como elas gesticulam, andam, falam, negociam, expõem suas opiniões ou reagem às críticas e aos elogios.

Vou contar uma história: Mariana é uma esposa de perfil influente e precisa debater um assunto importante com seu esposo Jonas, que tem o perfil de conformidade. A tendência natural de Mariana, devido ao seu perfil, é querer conversar bastante, falando vários assuntos ao mesmo tempo, sem uma organização logica. Porém, sabendo que seu esposo Jonas tem características de conformidade, ela flexibiliza o seu comportamento para ter uma conversa mais produtiva, explicando de forma clara e objetiva, dando tempo para que Jonas analise a situação e decida o que fazer. O segredo da vida a dois está na flexibilidade.

Linguagens do amor

Gary Chapman, em seu livro "As 5 Linguagens do Amor", afirma que as pessoas tendem a expressar e a receber amor de cinco maneiras diferentes. São elas: *palavras de afirmação, atos de serviço, tempo de qualidade, toque físico e receber presentes*. Para um casamento feliz, é importante que cada parceiro saiba qual é a linguagem do amor do outro e esteja disposto a expressar amor através dessa linguagem.

Por exemplo, se seu cônjuge valoriza atos de serviço como forma de amor, faça gestos para ajudá-lo em tarefas diárias, pode ser mais significativo do que dar presentes ou elogios. Você precisa aprender qual é a sua linguagem do amor e qual é a linguagem do seu cônjuge.

Palavras de afirmação: são palavras carinhosas que demonstram atenção, consideração e cuidado com a pessoa amada.

Toques físicos: beijos, abraços e carinhos são a forma mais importante desse amor. Essa é a primeira linguagem do meu esposo. Essa pessoa necessita de contato físico, seja um beijo, um abraço ou caminhar de mãos dadas. O importante é saber quando, como e onde tocar a pessoa.

Tempo de qualidade: a pessoa, cuja primeira linguagem é essa, necessita de atenção e de conversa olho no olho. Precisa sentir que você realmente se importa com ela. Se seu cônjuge valoriza o tempo de qualidade, não fique o tempo inteiro no celular enquanto está com ele.

*Atos de serviço: a*qui se enquadram as coisas que você sabe que seu cônjuge gostaria que fizesse. É demonstrar seu amor, realizando coisas que ele aprecia. O que você faz fala mais alto.

*Receber presentes: q*uem tem essa como a primeira linguagem do amor sente seu amor reafirmado quando recebe um presente de você. O que menos importa é o valor financeiro.

Se você quer viver a essência de Deus em seu casamento, existe um caminho, uma estrada, um rumo a percorrer a fim de alcançar um nível matrimonial de equilíbrio e paz perfeita (*Shalom*). O significado de *Shalom* no hebraico é "nada quebrado, nada faltando, nada fora do lugar."

"O casamento não é apenas a união de duas pessoas, é a junção de duas histórias que se tornaram uma só.

Sheiny Fernandes

Bp. Telma Sousa

Sou Telma Sousa da Silva, divorciada, mãe de três lindos filhos: Wisney Sousa, filho que me incentiva continuamente, Weydila Sousa Menezes, filha que está sempre comigo na obra do Senhor, e Werverson Bruno Sousa, filho que me acompanha em todas as viagens. Meus filhos, minhas pérolas. Ao meu genro e minhas noras, tenho gratidão. Meus filhos casaram e me presentearam com netos. Hoje tenho seis lindos netos: Pedro Henrique, Arthur Davi, Eduardo Willyam, Cayo Lucas, Giovanna Beatriz e Emanuelly Sousa.

Sou terapeuta emocional de TRG (Terapia de Reprocessamento Generativo), também sou empreendedora. Exerço o chamado como bispa na Comunidade Evangélica Shalom, em Açailândia, Maranhão.

bispa.telma

Telma Sousa da Silva

DA DERROTA À FÉ: A TRANSFORMAÇÃO DE UMA MULHER PELA FÉ

23

Por Bp. Telma Sousa

Dediquei minha vida a proclamar o Reino de Deus aqui na terra. O que parecia impossível de acontecer, Deus fez além do que esperava ser capaz. Hoje, pregadora, fui consagrada ao bispado. Deus tem me levantado para restaurar famílias no que diz respeito ao divórcio. Em áreas em que fui mais machucada, Deus tem me chamado para promover restauração. Deus é especialista em nos usar onde mais fomos treinados.

Nasci em uma família modesta, no interior da Bahia. Minha mãe, Maria, e meu pai, Ermiro. Costumo falar "Maria de Ermiro." Sou a quinta filha de um total de 11 filhos. Tive uma infância dura e difícil, devido à ausência do pai, meus irmãos tinham um cuidado especial comigo por ser a mais nova. Era agraciada com presentes, sempre demonstravam muito zelo comigo. Meu relacionamento com meus pais sempre foi bom, apesar do meu pai apresentar uma personalidade forte. Minha mãe era muito cuidadosa, sua forma de cuidar de todos nós era aconchegante. Excepcionalmente protetora. Já meu pai era muito rígido, nenhum de nós podia rir dentro de casa. Fazer barulho? Não era permitido de jeito nenhum. Sofríamos com a ausência de paternidade.

Nesse período de ausência paternal, quando já estávamos no Maranhão, meu irmão mais velho cuidava de nós. Agnaldo Sousa foi um pai para nós, zeloso e provedor, meu irmão se destaca em meu coração por sua forma excepcional de nos amar e cuidar. Nesta terra abençoada, estabelecemo-nos e continuamos a dar seguimento à vida.

A menina Telma estava crescendo em busca de seus sonhos, o meu desejo sempre foi achar a chamada felicidade. Aos 13 anos de idade, relacionei-me pela primeira vez com um rapaz, ele era usuário de drogas, ingressou no mundo do crime em furtos. Nosso relacionamento começou a ficar mais íntimo, não tinha maturidade, era muito inocente. Eu gostava dele, ele gostava de mim. Não foi uma experiência muito boa, pois esse fato chocou muito a minha vida. Fui muito perseguida por ele.

Tempos depois, chegou até mim a notícia que ele havia sido morto. Chegaram a me enviar para outra cidade, só retornei para casa após um ano. Ao retornar, próximo de completar 15 anos, conheci o rapaz que se tornaria o pai dos meus filhos. Casamo-nos, casamento que necessitava de mais maturidade em todo o decorrer. Gerou dor e frustrações, até porque era mais jovem e não tinha em meu viver sabedoria necessária para exercer nesse relacionamento. Tínhamos apego as coisas mundanas, que contribuíram com a falta de resolução em cada obstáculo vivido. Onde estaria, com todas essas situações esmagadoras, a tão desejada felicidade que almejava? Além da renovação e restauração que ansiava?

Meu primeiro casamento durou 17 anos. Meus filhos nasceram. Em momentos de dor e sofrimento, como dádiva, Deus me fez gerar três pérolas. Amo os meus filhos! Mas, o casamento estava fadado a não resistir com tantos dissabores no percurso, até que aconteceu a separação, algo inevitável, sentia-me perdida, precisava trabalhar para sustentar meus filhos. Batia em várias portas na esperança de que uma delas se abriria para mim, e não obtive sucesso nessa busca. Em meu coração, havia o desejo ardente de encontrar algo que trouxesse alívio para tanta dor que sentia.

Comecei a vender roupa íntima e roupas diversas, de porta em porta, para suprir as despesas de casa e dos meus filhos. Após algum tempo, transportei essa loja, que ficava na minha residência, para um espaço no centro comercial da cidade. Após um ano que sofri a separação, sempre afirmava que não era feliz. Afirmava que nunca chegaria a viver em paz porque eu não tinha paz, mesmo já exercendo o papel de empreendedora. Tive a oportunidade de conhecer algumas pessoas que trabalhavam em lojas próximas a minha, que se tornaram amigas. De repente, elas começaram a me convidar para visitar a igreja.

Mas, antes de conhecê-las, já ouvia sobre o poder restaurador de Deus, através da minha irmã Adinalva Gigante. Elas diziam: "Telmara, vamos à igreja?" Chamavam-me assim porque o nome da minha loja era Telmara. Aceitei o convite. A partir daí, toda terça-feira, pela manhã, estava caminhando para a igreja. Conheci, confessei e me apaixonei por Jesus, o Cristo. Sentia-me muito bem, não queria mais voltar para casa, porque lá sentia que o vazio do meu coração era preenchido completamente.

Na igreja, senti a alegria que tanto buscava. O vazio não existia mais, comecei a buscar ardentemente conhecer mais a Jesus, o Cristo. Quem, de fato, aplacou o vazio que sentia e me alcançou com a paz que tanto almejava. Eu já sentia o cheiro da restauração e renovação que tanto ansiava. Após cinco anos empreendendo, as coisas começaram a sair do controle, fui à falência. Superei a falência e, em 15 dias, abri outra loja.

Após 5 anos, veio a segunda falência, dessa vez, com mais perdas do que a anterior. Entrei em sociedade com minha irmã, e ela, por sua vez, assumiu a responsabilidade de continuar com esse empreendimento. Foi muito difícil para mim vivenciar tudo isso novamente, você pode até estar se perguntando: "Acontecendo tudo isso e ela não ficou desacreditada de si mesma?" A paz, que excede todo entendimento, já fazia parte da minha profissão de fé em Jesus.

Superei, desse episódio tão doloroso surgiu a marca "Rios de Deus." Então foi aí que decidi me dedicar ao chamado que Deus tinha planejado para mim: pastorear pessoas. Deus e Suas formas de nos restaurar e me renovar meio a tempestades. Aleluia! Nesse espaço de tempo em que Deus foi me restaurando na área financeira, casei-me pela segunda vez. A oportunidade de ter alguém ao meu lado novamente, para recomeçar a vida, trazia ao meu coração alegria e renovação. Ganhei, com essa união, dois filhos que se tornaram especiais em meu coração: Tom e Ada, além de uma neta, a Ane.

Enganei-me novamente. Já estava vivendo a experiência de falência e agora viveria o dissabor de mais um casamento fracassado. Abandono, vergonha, frustrações e decepções eram os sentimentos, além disso, situações que chegavam até mim. Casei-me por amor, ouvia a todo tempo que nada poderia abalar o amor que estava vivendo. Isso deixou, em meu coração, uma lacuna grandiosa. Perguntava-me: "Se ele dizia que me amava, que nada poderia desfazer ou interromper essa união, por que iriamos nos separar?"

Fomos casados duas vezes e renovamos a nossa aliança por mais duas vezes. Esses gestos de esperança e recomeço não foram suficientes para nos manter unidos, e o divórcio aconteceu. Algo que não gostaria de ter vivenciado, fui invadida por um sentimento derrotista, por dor e tristeza. Sentia que estava sendo dividida ao meio por tamanho sofrimento que me invadia. Para mim, tudo tinha findado ali.

Senti-me impotente e abandonada. Devido a todas essas emoções que estava sentindo, lembrei imediatamente do poder restaurador de Deus. Clamava e tomava posse da palavra em Jeremias 33:3, que diz: *"Clama a mim e responder-te-ei e anunciar-te-ei coisas grandes e ocultas, que não sabes."* Queria o alívio não só buscando a Deus, mas me rendendo a Ele por inteira. Encontrei cura, restauração e esperança em Deus, mesmo vivendo dias nublados. Ele sempre irá nos resgatar e/ou nos ajudar a transpor muralhas. Ele é Jeová Rafá, o Deus que cura!

Neste processo de perdas e frustrações, tinha em meu coração o texto bíblico de Romanos 8:28. Comecei a conhecer Jesus através da dor, mesmo sofrendo, poderia buscar e desejar ardentemente ser achada por Ele. Minha vida começou a ter sentido ao conhecer e desejar Jesus como Senhor e Salvador. Assim fui vencendo cada momento de dificuldade que enfrentava, acredito que, se não tivesse vivenciado a falência, provavelmente não iria exercer o chamado específico de Deus para mim. Conhecendo o poder perdoador e restaurador de Deus através de Jesus, fui sendo liberta de tudo que me prendia.

Continuei a minha jornada como ministra do evangelho, a dor ainda me dilacerava e, por muitos momentos, pensava: "Não irei suportar!" Precisava decidir: ou era vencer ou vencer! Optei por dar continuidade a tudo que Deus estava propondo para a minha vida. Aleluia! O meu Deus é o Deus do impossível. Aprendi que com Jesus não há derrota, pois no momento mais difícil, a vitória vem. O texto que recordo é sobre o encontro maravilhoso de Zaqueu com Jesus, relatado no evangelho de Lucas 19: 1 a 10, ele ouviu que Jesus ia passar, assim como Zaqueu, fui ao encontro de Jesus e O encontrei. Você também pode encontrar este poder restaurador e renovador de Jesus.

No mundo em que vivemos, *"situações para tirar a nossa paz e ânimo sempre virão ao nosso encontro"*, mas Jesus nos garante, no texto de João 16:33. Portanto, precisamos aprender que nada pode nos separar do amor de Deus. Aprendi que, embora tenha tido perdas, essas situações não irão me impedir de falar deste amor que tudo refaz.

Podem até chegar palavras que tragam paralisia ao caminho que precisamos trilhar, mas com Jesus, há novidade de vida e renovação. O inimigo pode até fazer com que creiamos na desistência de Deus ao nosso respeito, devido a muitas águas revoltas que nos envolvem, entretanto, não daremos ouvido à sua falácia. Ele é mentiroso e pai da mentira.

Suportando o processo que é viver em constante restauração, alcançaremos o propósito estabelecido por Deus a nós. Em cada situação vivenciada, precisamos perguntar a Deus o que Ele quer nos ensinar. Precisamos aprender a amar mais, a perdoar o imperdoável e a receber cura para também sermos agentes de cura para outros. Cada processo que vivi e vivo me leva mais alto ao conhecimento de quem Deus é, e também, a como posso ser instrumento para vivificar através do Espírito de Deus outras vidas.

Deserto é lugar de aprendizado. Com tudo que vivenciei, hoje posso falar a você, preciosa do Senhor: aprenda com as dificuldades, seja forte e corajosa. Foi para isso que Deus te chamou. Sempre declaro que sou bem-aventurada, que irei transpor barreiras, que nada me fará desistir e que já passei por tanto. Nossa! Que o seu coração seja alcançado pela vontade de conhecer a esse Deus, além de fazê-lo conhecido através do Seu poder restaurador e renovador.

“

O que chamava de sofrimento, na verdade, era um treinamento, hoje sou prova viva do poder restaurador e renovador de Deus.

Bp. Telma Sousa

Vânia Abreu

Vânia Barroso Abreu, advogada e mediadora de conflitos extrajudiciais, foi auxiliar de professora primária em 1993 e assistente de vendas na Joalheria Antônio Bernando Gávea, em 1996 e 1997.

Formada pela Universidade Candido Mendes, em 1997, advoga desde 1998 em Direito Imobiliário e Família. Advogada colaborativa há 25 anos, buscando acordos dentro e fora dos tribunais. Trabalhou no SECOVI-RJ como assistente legislativo buscando projetos para beneficiar o setor nas esferas Municipal, Estadual e Federal, de 1999 a 2001.

Mãe de 3: Pedro Henrique, Ana Luiza e Luiz Daniel, suas maiores conquistas. Pós-graduada em Design de Joias pela PUC-RJ, 2006-2007. Cursou Mediação de Conflitos, Mediação Brasil 2017, com a Prof. Vivian Gama, coordenadora do Apoio Feminino ADHONEP em Barra Mansa, em 2021. Presidente da Comissão de Mediação OAB, Barra Mansa, Rio de Janeiro, desde 2022.

Mentoria Feminina

vaniamediadora

Vania Abreu

Vania Abreu

O AMOR DE DEUS MUDA TUDO

24

Por Vânia Abreu

Em novembro de 1975, meu nascimento trouxe muita apreensão. No início da gravidez, minha mãe apresentou sintomas de rubéola e para os médicos o aborto seria a melhor opção. Era impossível saber o resultado, provavelmente eu teria atrasos intelectuais ou deficiências motoras. O medo estava ali sempre presente. Mas minha mãe resistiu e eu nasci perfeita, cheia de vida e sem sequelas. Já tinha uma irmã de 4 anos, e 2 anos depois, minha irmã caçula nasceu. Três meninas e muitos vestidos em casa.

Cresci cercada de muitos parentes e muitas crianças. Eu dançava, brincava, fazia teatro, desfile, adorava ser o centro das atenções, era muito divertido. Felicidade total em todos os fins de semana, com aquele povo reunido. Vivíamos uma grande aventura compartilhando as fantasias e sonhos de criança em família. Meu pai tinha muitos sonhos e planos, como qualquer pai de família, queria prosperar e dar o melhor para todos. Sua ambição revelou o quanto era importante que todos nós quiséssemos evoluir na vida. Ele conseguiu aos 45 anos e chegou em uma fase transformadora que elevou toda a família, mudou a mente de todos.

Mas tudo mudou quando os meus pais se separaram, eu estava com 14 anos e a família ficou dividida. Eu estava na fase de interesse pelos garotos e focar em relacionamentos externos, diante de uma angústia, parecia um escape. Havia muitas amizades, baladas, viagens, festas e diversão. Aí eu, minhas irmãs e minha mãe viajamos para a Disney, vimos um mundo diferente, minhas amizades no grupo da excursão trouxeram um viúvo interessado em minha mãe. Eu me preocupava com ela depois da separação. Dei a maior força, o namoro aconteceu, ela estava feliz de novo.

A vida seguia seu curso, meu pai em outro relacionamento teve uma filha, depois veio mais um e uma surpresa: um menino. Eu tinha ciúmes, era uma insegurança minha, não sabia quem eu era, não me achava importante. Isso refletia em relacionamentos desastrosos, rodeados por conflitos e muito drama. Bloqueei a dor, não queria tratar meus traumas.

Nós 4 mudamos para o Rio de Janeiro. Segui os estudos, entrei na faculdade de Direito aos 17 anos, ainda sem perspectiva sobre onde essa escolha me levaria. Formei-me e passei na prova da OAB. Minha mãe e a irmã mais velha se casaram, a mais nova voltou para a minha cidade e eu fiquei só. Do apartamento em que morava, eu via o Cristo Redentor e uma noite acabei dizendo: "Eu sei que não está aí, mas se estiver me ouvindo, me ajuda, pois não aguento mais essa dor." Apaguei o meu cigarro e fui dormir.

Não havia nada de errado comigo aparentemente, era só um grande vazio. Dormia triste, sem entender o porquê. Um mês depois, estava de volta a minha cidade natal morando na casa da minha avó materna e me sentindo um fracasso aos 23 anos. Comecei a trabalhar em uma das empresas da família, não gostava, mas àquela altura, ser grata era o mínimo a fazer.

Visitei uma feira de negócios da cidade e lá me encontrei com um rapaz, conhecido do colégio, ele estava em um stand da ADHONEP, uma associação cristã que havia começado a fazer eventos ali na região. Conversamos a noite toda e naquele fim de semana deu em namoro. Eu não queria nenhum relacionamento, mas via algo diferente nele. Com 1 mês de namoro, fomos ao primeiro jantar da associação e após o testemunho de um empresário sobre sua mudança de vida, eu fui à frente dizer que queria Jesus e pedi que Ele movesse o meu interior da maneira que desejasse. O vazio foi embora. Batizei-me alguns meses depois e seguia todos os passos para aprender mais sobre essa nova jornada.

Exatamente 1 ano depois, estávamos casados. Uma surpresa para todos. No retorno da lua de mel, ele contou em um jantar o que Deus havia feito em sua vida anos antes. Já morávamos no Rio, trabalhávamos e vivíamos unidos, era tudo perfeito. Achei que o Céu havia me agraciado com tanta sorte em ser feliz plenamente.

Com 6 meses de casada, engravidei do primeiro filho, um menino lindo e cheio de saúde. Buscava conhecimento em como educá-lo de maneira diferente da minha e perto de Deus. Decidi parar de trabalhar, sem familiares e nem apoio, ser mãe era minha prioridade. Tinha fome de aprender, comprava livros, ia às igrejas, uma busca espiritual intensa e verdadeira. Engravidei de novo e veio uma menina, o quadro perfeito, fechou a foto. Aí mudou o comportamento do meu esposo, não era como antes, horas a mais de trabalho para justificar crescimento de tantos gastos. A vida era limitada e queríamos mais para o futuro.

Ele recebeu uma promoção importante, parecia que as dificuldades cessariam, só que não. Cresceu a pressão e sem tempo pra Deus, mais trabalho, a provisão era única preocupação em sua mente. Eu questionava a falta dele, mas entendia as suas necessidades, era o momento de saber ser coluna e aguentar firme.

Sete anos de casados, muitas divergências e a crise chegou, com ela a desilusão, oscilações financeiras, brigas e adultério. Um padrão familiar. Onde está Deus? A gente procurava, tentava de todos os lados e não encontrava saída. Onde estava o amor? Eu orava mais, tinha amigas de oração que me ajudaram em momentos difíceis. Havia me preparado para enfrentar uma vida de renúncias e lutas contra um inimigo externo, mas me deparei com a sua presença dentro de casa, sem reconhecer a pessoa com quem eu havia me casado.

O álcool era companheiro insistente dele, sem diálogos e nem conversas, eu ficava em silêncio, evitando o desgaste, queria proteger os filhos, mas as crianças sabem, elas sentem no ambiente. Aprendi que o coração abatido traz o medo a todos. Os líderes da igreja diziam para continuar tentando "consertar" a situação, eu buscava falhas em mim e mais sabedoria. Tudo inútil, uma cegueira mútua, dois lados machucados pelas pressões cotidianas. Olhava em volta o cenário, queria de volta a paz do começo, uma vida simples e sem hipocrisia.

Estava arrasada pelos rumores de traições, mas o divórcio não era uma saída. Achava que havia algo errado comigo, não conseguia aceitar a minha realidade. Um misto de dores passadas, pânico e vergonha. Entendi que meu casamento era apenas uma ilusão, provocada por falsas percepções, dois jovens imaturos, com dois filhos para criar. Eu me esforçava por dois, fui ensinada que a mulher sábia edifica e a tola destrói.

Instalou-se a crise financeira, o dinheiro é uma energia poderosa, quando negligenciado ou quando há desentendimento, nada prospera. Acabou a fase abundante, sem reserva e dívidas, nosso padrão caiu, morar no Rio se tornou um fardo. Aí eu engravidei do 3º filho, por querer, aceitei o pedido dele, quem sabe ajudaria? Tinha medo de como essa criança viria, mas meu bebê nasceu grande, forte e saudável, orava sempre grata por essa benção. Mas nada melhorou o relacionamento, peguei tudo e me mudei de volta para minha cidade natal.

Meu Deus, outra vez ali, estava sem trabalho e com os meus 3 filhos morando na casa da família, sem perspectiva e dependente. Foi um momento em que eu sentia uma enorme vergonha da vida que tinha, das escolhas que fiz e de quem havia me tornado. Tentei 6 vezes me separar, mas cedia todas as vezes, convencia a mim e aos outros que era melhor continuar. Relacionamento tóxico, abusivo, errado, imaturo, não importa, eu deixava que o outro fizesse o que queria. A mente te deixa à mercê das emoções.

20 anos de casados e a pandemia chegou, parecia uma trégua. Todos unidos com o propósito de proteção, mas eu sentia um abismo entre nós, apesar dele se esforçar. Infelizmente, a mãe dele morreu, pensei que a dor o mudaria definitivamente, infelizmente não, o luto, o álcool, remédios, etc. Pra mim, acabou.

Uma noite em que dormia no quarto dos meninos, alguém me tocou, em sonho não sei, e disse: "Acorde, arrume as suas coisas. Saia, sua missão acabou." Foi muito doido, acordei de sobressalto. Foi difícil sair de casa e deixar tudo, tinha medo que acontecesse alguma agressão ou ataque de fúria. Fui para a casa da minha mãe, mas desejava sumir. Ninguém me entendia, minha atitude deixou os meus filhos preocupados, eu só pedia a Deus que eles estivessem bem, não podia levá-los comigo naquele momento, eu tinha que estabilizar minha mente e vida, para depois pegá-los de volta.

Com ajuda da família aluguei um apartamento, queria os filhos bem e comigo. Aos poucos eles vieram, os mais velhos foram pra universidade fora do estado e o pequeno ficou comigo. Cuidei da minha mente, consegui o divórcio amigável, usava os artifícios que estudei no curso de mediação de conflitos, o coach, psicanálise, orações, chorando e gemendo pela liberdade que desejava. Em um ano, eu estava divorciada para decidir o meu futuro. Foi a melhor sensação que tive em anos.

Aprendi o meu valor pessoal, ressignifiquei dores do passado, gravei vídeos, fiz aperfeiçoamento, li livros, conteúdos online, abri meu Instagram e outras redes sociais. Hoje sou mediadora de conflitos e ponho em prática tudo que aprendi. No caminho, pedi perdão, me perdoei, a culpa acabou, sou livre.

Busco me relacionar bem com o pai dos meus filhos com respeito, compaixão e paciência. Perdoar é uma escolha, mas não significa conviver com quem te fez sofrer.

Sou feliz, grata e esperançosa, pois a vida passa rápido. Se conhecer é fundamental, saber seu valor, exercer a fé que move montanhas, trazer o céu na terra. Jesus não deixou que eu desistisse de mim, Ele me conhece, eu faria tudo de novo para ser a mulher que sou hoje, valeu cada lágrima.

Tenho tido grandes oportunidades no trabalho, com amigos e familiares do lado. Pedaços da minha alma voltaram para o lugar, aproveito cada alegria com gratidão, sem esperar reconhecimento. Faltava uma parte, hoje amo minha cidade e os que nela habitam. Não há limite para quem ama a Deus, a si mesmo e ao próximo, nessa sequência. A Jesus a honra do que fui e serei, pois Seu amor por mim muda tudo.

"

Não há limite para quem ama a Deus, a si mesmo e ao próximo, nessa sequência. A Jesus a honra do que fui e serei, pois, Seu amor por mim muda tudo.

Vânia Abreu

Pra. Weydila Menezes

Sou Weydila Sousa Menezes, uma mulher abençoada, marcada por milagres. Casada há 19 anos com o Pr. Júnior, meu companheiro de jornada, vida e ministério. Hoje, sou mãe de 2 filhos maravilhosos: Arthur Davi e Eduardo Willyam; e carrego saudades de Isaack Emanuel, filho, semente plantada no céu. Além de amar animais, tenho um pug, meu xodó.

Sou pastora por um lindo chamado e cantora no @fogosantoofficial, onde expresso minha adoração ao Senhor, iniciando a jornada na infância, cantando na igreja. Além disso, empreendo na confeitaria, expresso amor em forma de bolo. Adorar a Deus e zelar por minha família são minhas maiores alegrias e prazeres, sou grata por ter meu marido como meu parceiro de vida, sempre me incentivando a ir além.

weydilamenezes

+55 (99) 98248-0010

praweydila.menezes@gmail.com

UMA TRAJETÓRIA DE MILAGRES

25

Por Pra. Weydila Menezes

Minha trajetória é marcada por milagres. Nasci em Açailândia, no Maranhão, em 1986, sou filha de Raimundo Tavares e Telma Sousa, sempre contei com o apoio amoroso dos meus pais, que hoje são pastores. Desde criança, demonstrava sensibilidade e zelo, sonhando em construir uma família e ser mãe. Enfrentei desafios, como a separação dos meus pais, que geraram medo e insegurança. Porém, um encontro com Jesus, aos 13 anos, transformou minha vida, dando-me coragem para superar obstáculos.

Tornei-me ministra de louvor e, em 2004, realizei meu sonho de me casar com um homem lindo por dentro e por fora, especial, cheio do amor de Deus e que conheci na igreja. Tive a convicção de que Deus estava nos unindo para viver um lindo propósito. A maternidade me trouxe desafios, mas também recompensas e felicidade. Agradeço a Deus por minha trajetória de milagres, que me tornou uma mulher renovada e completa.

Ser mãe trouxe o amor mais puro quando meu primogênito, Arthur Davi, nasceu. Mesmo enfrentando dificuldades gestacionais, experimentei a realização do meu sonho de construir uma família. Um ano após Arthur, tive um micro aborto, descobri que Jesus estava moldando-me para ser uma mulher forte e instrumento de cura. Tornamo-nos líderes de jovens e, após algum tempo, engravidei novamente, dando à luz meu segundo filho, Eduardo Willyam.

Minha jornada é um testemunho vivo dos milagres de Deus. Agradeço por cada momento e por tudo o que Ele tem feito em minha vida. A trajetória para gestar Eduardo foi tão difícil quanto a do primeiro filho. Enfrentei riscos de vida em ambas as gestações. Descobrir a gravidez foi desafiador, pois a médica diagnosticou uma infecção grave nos órgãos reprodutivos, ameaçando meus sonhos. Porém, essa suposta infecção era inexistente, tive que me submeter a um tratamento com risco de vida e de aborto.

Mas Deus tinha um plano, meu filho nasceu saudável, apesar das sequelas auditivas causadas por uma falha médica. Arthur (18), meu primogênito, é um levita, e Dudu (15), com limitações auditivas, é um tecladista adorador com audição perfeita. Meus filhos são milagres. Após 3 anos, já sendo mãe de 2, fomos consagrados a pastores e, mesmo cumprindo nosso chamado no ministério pastoral, passamos por lutas e tragédias como todos estão sujeitos.

Deus escreve nossa história e tem um plano perfeito para nós. Engravidei do meu terceiro filho, em meio à gestação, enfrentei desafios e incertezas que testaram minha fé e determinação. Descobrimos que nosso bebê tinha várias más formações, incluindo problemas no coração, o que exigiria uma cirurgia imediata após o nascimento. No entanto, algo dentro de mim dizia que havia algo mais grave acontecendo. Minha alegria foi substituída por uma preocupação constante, enquanto meu coração apertava com medo do desconhecido.

Eu estava retendo líquido, sofrendo de pré-eclâmpsia e tendo convulsões. A cada mês de exames pré-natais, éramos confrontados com péssimas notícias sobre as más formações do nosso bebê. Sabia, no fundo do meu coração, que algo estava errado, e o medo do que estava por vir se instalou. Conforme a gestação avançava, descobrimos que nosso filho enfrentava mais desafios, começando com seu coração. A única razão pela qual ele ainda estava vivo era porque estava ligado a mim pelo cordão umbilical, e ele precisaria de uma cirurgia urgente para lutar pela vida assim que nascesse.

Nesse período tumultuado, meu marido se tornou meu pilar de força, cuidando de mim com amor e dedicação incansáveis. Ele caminhou ao meu lado, enfrentando todas as dificuldades com coragem e determinação. Então chegou o dia no qual a médica nos informou que tínhamos que viajar para outro estado, para um hospital com recursos adequados, para o nascimento de nosso filho e para a cirurgia cardíaca crucial. Foi um momento de grande angústia para mim, meu marido e toda a família.

Consideramos todos os aspectos: a vida, os recursos financeiros e, acima de tudo, nossos outros dois filhos, que precisariam ser deixados para trás, afinal nos ausentaríamos enquanto tentávamos dar ao nosso terceiro filho uma chance de sobrevivência. Era uma situação dolorosa e incerta, mas sabia que nunca estive sozinha. Minha mãe, meus irmãos, sogros e outros familiares permaneceram ao meu lado, oferecendo apoio e orações constantes.

Minha mãe sempre intercedeu por mim, apresentando nosso filho a Deus e perguntando se poderia dar-lhe um nome. Ela escolheu Isaack Emanuel, que significa "alegria" e "Deus conosco", pois acreditava que, mesmo em meio à dor, Deus me faria sorrir e estaria presente em minha vida. Em um determinado dia, minha mãe orou por nós novamente no altar do Senhor, pedindo que renunciássemos a Isaack e o entregássemos a Deus. Embora relutante, pois parecia que não teríamos nosso precioso filho conosco, mesmo sabendo que ele estaria em boas mãos, tomamos a difícil decisão de entregar nosso filho a Deus, confiando no Seu poder e nos milagres que Ele pode realizar. Pois, apesar de todas as adversidades, Deus nos abençoou com a gestação de Isaack Emanuel.

Essa jornada de dor e perda me ensinou lições profundas sobre o propósito da dor em nossas vidas. Compreendi que para viver o propósito da minha vida, é necessário perseverar durante os processos mais difíceis e confiar em Deus. Eu esperava um milagre para o meu bebê, mas Deus acabou realizando um milagre dentro de mim.

Antes de embarcar para o nascimento de meu filho, recebi a trágica notícia de que meu tio havia sofrido um acidente e estava em coma. No entanto, devido a minha condição de pré-eclâmpsia, pressão alta e convulsões, não soube imediatamente. Após receber alta do hospital, meu tio faleceu e fiquei profundamente abalada.

Enquanto lidava com essa perda, meu bebê, já entrando para o 9° mês, estava enfrentando complicações de saúde e não se movia mais em minha barriga. Fui rapidamente levada ao centro cirúrgico, com pressão arterial perigosamente alta, para uma cesariana de emergência e assim retirar meu precioso filho, Isaack Emanuel, que infelizmente já havia entrado em óbito. Eu também estava sofrendo de eclâmpsia e hemorragia, à beira da morte, porém clamei a Deus, pedindo que Ele me permitisse voltar à vida e testemunhar o milagre que Ele havia realizado em mim.

As lágrimas escorriam pelo meu rosto enquanto, sem forças físicas e sem ver nada mais, a médica clamava e me entregava para Deus, eu ouvia e em espírito também clamava para voltar e contar ao mundo sobre Sua obra maravilhosa em minha vida. Foi um momento de renascimento para mim, renasci como uma mulher forte e cheia de fé, mesmo após um ano inteiro de lágrimas pelo luto. Compreendi o projeto de Deus para mim, transformando minha dor em uma poderosa ferramenta de cura, restauração e renovação.

Percebi que, ao compartilhar meu testemunho, poderia impactar e curar outras vidas. A presença de Deus foi crucial para evitar uma profunda depressão. Eu venci, superei e ergui a cabeça. Agora, sou um instrumento de cura na vida de outras pessoas. Através das minhas experiências, entendi claramente o propósito da dor que enfrentei. Deus me aperfeiçoou e me preparou para viver um lindo propósito: ajudar pessoas a superarem seus traumas, lidarem com os desafios da vida e perseverarem.

Muitas vezes, enfrentaremos situações difíceis para que possamos ser instrumentos de cura e autoridade nas áreas em que mais sofremos. Só fui curada e continuo recebendo cura diariamente porque escolhi a melhor parte, que é estar na presença de Deus. Confesso que, muitas vezes, senti medo e quis desistir, pensando que não era capaz ou suficiente. No entanto, Deus me encorajou a seguir em frente e me lembrou que Ele tinha um propósito para mim.

Ele me transformou de uma pessoa frágil em uma fortaleza que jamais imaginei ser. De uma pessoa chorona, tornei-me alegre, divertida e feliz. Recentemente, enfrentei e estou superando uma trombose venosa profunda, onde o Senhor mais uma vez manifestou Seu poder em meu favor. Sou um milagre vivo e minha vida é uma jornada de milagres. Apesar das lutas e perdas, enfrento cada obstáculo com coragem e fé. Minha história é um lembrete poderoso de que com Deus ao nosso lado, podemos superar qualquer adversidade.

Ele transforma nossas fraquezas em força e nossas dores em propósito. Sou uma testemunha viva da fidelidade e do poder de Deus. Cada desafio é uma oportunidade para crescer, aprender e ser luz para outros. Agradeço a Ele por me tornar uma mulher fortalecida pela fé, capaz de inspirar os outros. Após superar o medo e a timidez, tornei-me corajosa e destemida. Hoje, sou uma ministra de louvor, cantora, pastora, líder e empreendedora, inspirando outras a nunca desistirem.

Mesmo após a perda dolorosa, recebi um presente de Deus: gravar uma canção que expressava minha vida e trouxe cura não só para mim, mas para milhares de pessoas. A canção *Ebenézer* (@fogosantoofficial), que diz no refrão: "Cada passo que eu dei, Deus andou comigo, e por onde eu passei, Ele me sustentou com suas mãos de amor, Deus até aqui me ajudou." Esta música é minha vida e chegou na hora certa. A maternidade me ensinou a prosseguir em direção ao cumprimento do propósito, mesmo diante das adversidades.

Aprendi que nem sempre as coisas acontecem como queremos, mas confio que, se Deus está presente em meu futuro, é o suficiente para eu querer ir para lá. Perder um filho foi terrível, mas Deus me ajudou a superar, curar e entender o propósito disso tudo. A jornada é de aprendizado, crescimento e fortalecimento, com Deus escrevendo nossa história. As dificuldades que enfrentamos se tornam ferramentas poderosas para levar cura às vidas que precisam. A perseverança é valorizada nas provações. Continuo aprendendo, perseverando e crescendo nesta jornada.

Finalizo e deixo a você um versículo que me encorajou em meio às batalhas. Josué 1:9: *"Não fui eu que ordenei a você? Seja forte e corajoso! Não se apavore, nem desanime, pois o SENHOR, o seu Deus, estará com você por onde você andar."* Não desista, enfrente o processo para colher o propósito!

"

Ele transforma nossas fraquezas em força e nossas dores em propósito.

Pra. Weydila Menezes

Zila Calei

Sou Zila Conceição Joaquim Calei, angolana residente no Brasil. Missionária, embaixadora comercial Brasil-Angola e líder de mulheres em várias nações. Fui deputada por 1 dia no meu país, no parlamento nacional. Acessei lugares inimagináveis e me conectei a gigantes. Sou incapaz de desistir. Já ajudei famílias em Angola, Índia e Brasil.

Hoje, olho por nações. Ainda menina, era procurada por mulheres adultas para aconselhar, orar e orientar, o que me deixava confusa. Autodidata, aprendi a falar inglês e umbundu com 13 anos. Sempre me dedicava a ler as brochuras do meu pai sobre boas maneiras, onde aprendi a temer e a me compadecer pela dor dos outros.

princesazilacalei

EU ME PERMITO SER CURADA

26

Por Zila Calei

Cada pessoa tem seu lado positivo e negativo, um defeito, uma qualidade, traumas e feridas emocionais, que se tocadas, a pessoa solta um grito de dor. Há indivíduos que fazem confissões de certo assunto depois de longos anos, no leito da morte, e uns chegam a morrer sem contar os horrores da vida: maldades, maus tratos, etc.

No entanto, depois de aprender na prática, concluo que devemos externar nossas dores. Um bebê recém-nascido, mesmo não sabendo falar e nem fazer gestos, quando está com cólicas, ele chora. Isto é, expressa algo para comunicar a mãe sobre sua necessidade de sanar a dor, mamar e, se for o caso, receber afeto. À medida que vamos crescendo, limitamo-nos a externar o doloroso, temos receios, escondemo-nos com medo da exposição. Para não inflamar o excesso da dor, libertamo-nos e procuramos ajuda, hoje em dia, até Google e o Youtube têm coisas que salvam vidas. Procure seu professor! Aquela vizinha que não recebe seu bom dia é a pessoa que te socorrerá em dias de angústia.

Antes de vir ao Brasil, minhas amigas sentaram-se comigo e me aconselharam a ter cuidado, que o Brasil é um lugar perigoso, principalmente o Rio de Janeiro, onde pretendia me instalar. Na verdade, o mundo é perigoso, pois nele moram pessoas más. O ser humano tende a fazer o mal.

Do homem esperamos decepções, enganos, traições, etc. Falando em traições, trago a vocês algo que não lamento ter acontecido, pelo contrário, agradeço a Deus pela maturidade que tenho hoje. Depois de uma reunião importante com alguém que penso se aproveitar de minhas ideias, notei que nossa conversa foi compartilhada e, dias depois, outras pessoas não deram andamento a algo que mudaria minha vida drasticamente, num âmbito financeiro e internacional. Foi algo que foi muito forte e marcante para as minhas emoções.

Isso me lembra do que Deus falou para mim quando, num momento de tanta angústia, fazia inúmeras perguntas a Ele: *"As grandes mulheres passam por isso."* Foi sua resposta em meio às questões, olhando para o infinito céu, num dia de choros sem lágrimas e feridas sangrentas em meu coração, com vontade de desaparecer.

Hoje, presto atenção para que situações dos outros não me afetem. Um dia, minha amiga falou para mim que sofreu tanto, que ela chegou a sentir dor na pele literalmente. Sei que você já ouviu falar em dor na pele, mas ela sentiu e posso lhes garantir porque também senti algo semelhante à dor emocional. Foram momentos de angústia no fundo da minha alma, como se tivesse uma flecha cravada no peito e saísse nas costas, que podia doer a cada movimento que fizesse, se visse as pessoas ligadas à causa de tudo, doía. Tudo que tivesse ligação ao assunto me fazia muito mal, inclusive um simples grupo de WhatsApp, onde estavam pessoas relacionadas.

Cheguei a fazer propósitos de oração e me dediquei dias a orar para essa situação tão grave. Conversei com uma amiga que simultaneamente tinha sido machucada emocionalmente na área sentimental: "Amiga, precisamos parar a fim de nos curar. Vou fazer uma campanha de 40 (propósito de cura junto às meninas que lidero), façamos o seguinte: crie um grupo e criarei o meu. Você cuida das meninas que já cuida e farei o mesmo, só que não será apenas um cuidado para elas, será também um cuidado para nós mesmas simultaneamente."

A partir daí, entendi que precisava me permitir ser curada, convoquei as meninas e elas aceitaram estar nesse grupo, onde todos os dias, colocava o que me acontecia, o que fazia, o que Deus me orientava e o que as pessoas teriam que fazer por mim. Cada igreja que entrava, Ele mandava orar por mim porque estava doente, Ele falava de muitas coisas que confortavam o meu coração, toda vez que o Pai mandava uma pessoa orar para mim, curava-me chorando muito, como se as lágrimas limpassem o meu coração. Sei que muitas vezes quando temos uma dor profunda, não conseguimos falar para ninguém ou mesmo abrir a boca para orar, mas é necessário nos permitirmos para sermos totalmente livres.

Se eu não aceitasse o conselho da minha amiga, em abrir esse grupo pela minha exposição e colocar todas as estratégias do Senhor, não teria aberto a oportunidade para hoje sorrir. Nele, também colocavam diversas situações de feridas. Cheguei a mostrar para as minhas mentoradas que o líder também passa por situações difíceis e chora. Se você carrega uma ferida há mais de 10 anos, 20, 40, ou mesmo 50 anos, livra-te agora mesmo. Ainda que os culpados sejam os outros, em Lucas 8:48, Jesus disse a mulher: *"Filha, a tua fé te curou, vá em paz."* Ela decidiu se curar, ou seja, ela se permitiu ser curada.

Converse com alguém, desabafe, chore nos pés do Senhor, só não guarde esta ferida. Faz poucos dias que recebi uma notícia boa, que chorei diante das pessoas, sem me importar com o que pensariam, afinal, "o choro é livre", como alguém disse, e faz bem à alma.

Lembro-me de meus irmãos mais novos, de tantas brincadeiras estúpidas, acabavam se ferindo, e o maior trauma eram os curativos. Muitas vezes, eles escondiam suas feridas. Lembro minha mãe quando descobria, ficava apavorada, era algo medonho porque além de crescerem, como em casos de erupções na pele que se tornavam feridas grandes, às vezes, já estavam a ponto de infeccionar. Se mostrarmos nossas feridas, os enfermeiros poderão trazer o tratamento adequado. Pena que muitos de nós achamos que quando estamos feridos emocionalmente, devemos nos recolher no quarto, fingir que somos muito fortes a ponto de não chorar e não deixar que ninguém veja a nossa fraqueza. Engano, a Palavra diz que "Quando nos sentimos fracos, é aí que somos fortes."

Seja você um líder, um esposo, ou não importa o cargo que você tenha, se doer, chore. Sim, você pode se esconder para que seus filhos não vejam, seus fiéis, ou mesmo aquelas pessoas as quais você quer que não vejam, para não fazer com que se sintam inferiores, mas chore, esconda-se e chore, pois guardar o choro pode fazer mal para sua alma e até mesmo para seu corpo.

Hoje, depois de ter aprendido a lição na prática, choro com facilidade, claro que devo manter a postura ou não chorar na frente de quem não deve ver. Trago para vocês aquilo que foi um processo de cura por me permitir ao longo desse tempo de autoconhecimento. Para você ser curado, é necessário que seu coração se abra para isso. Neste capítulo, também trago experiências de duas pessoas, além de outra minha:

O rapaz ressuscitado

Ao me mudar para São Paulo, no dia 31 de janeiro, no dia seguinte, teria que servir no método CIS (Coaching Integral Sistemático, um programa de inteligência emocional aplicado pelo master coach Paulo Vieira). Estava cansada da viagem de missões no Espírito Santo e da viagem do Rio para São Paulo, a seguir, cansada desse grande evento. Pensava em descansar, porém meu subconsciente estava preparado para atender alguma agenda.

Os meses se passaram e não havia convites, não me preocupei porque sabia que ao seu tempo surgiram.

Finalmente, depois de um evento de *network*, fui convidada para cantar numa vigília onde fui igualmente convidada a pregar no dia seguinte. Preparei-me orando ao Pai sobre o que pregar e tive o tema. Só que ao longo do culto, o Espírito Santo me induziu a pregar sobre cura, confesso que estou cansada de pregar a mesma coisa, mas não mandamos em nós mesmos. Durante o culto, o céu desceu e a manifestação divina foi notável e visível no templo, comecei a sentir a mão direita molhada de unção e pedi que os doentes fossem à frente a fim de serem curados. Aproximadamente 20 pessoas foram ungidas, tocadas, libertas e curadas, dentre elas, uma mulher que, ao olhar para ela, notei que o Espírito Santo a visitava e, automaticamente, ela chacoalhava o braço direito quando orava. então parei em sua frente.

Na semana seguinte, fui de novo à igreja cantar, quando no final, ela me procurou para testemunhar que, no momento que orava para ela, simultaneamente ela orava para um rapaz na UTI, em estado crítico, pois tinha problemas graves na garganta, infecções, e os médicos o desenganaram. Naquele momento, o menino foi curado e teve alta.

A mulher que voltou à vida

O Senhor me deu uma palavra sobre cura e algumas vezes refutei, mas a obediência falou mais alto. Enquanto pregava, o Senhor me pediu para pegar na mão de uma mulher e declarei: "O senhor lhe dá a vida!" Ela olhava fixamente em meus olhos e veio o vigor. No final do culto, ela me chamou e disse:

"Passei todo dia muito mal, perto da hora do culto, não tive forças para levantar e me erguer, mas fiz de tudo para estar aqui. Determinei que viria me arrastando, mas tinha que vir. Sentia meu corpo desfalecer, estava morrendo, mesmo estando aqui no templo, não estava bem, na hora que você pegou em minhas mãos, senti uma força e estou bem melhor agora."

Deus me trouxe de novo a vida

Em Angola, sofri um acidente caindo do primeiro andar ao térreo, o qual tive lesões graves em duas costelas e no centro do peito pela queda, depois de um tempo, aqui no Brasil, fui convidada para cantar numa igreja. Ao longo da minha vida, senti o meu braço direito como se o Sol estivesse me queimando, só que estava na sombra. Quando a pregadora foi chamada ao altar, olhou para mim e disse: "O Sol do Senhor está na sua vida, o Senhor lhe trouxe à vida."

Automaticamente, veio uma cena que vivi no processo desse acidente. Estava mais de 15 dias numa cama, sem poder dormir de barriga para baixo, tomar banho e andar, tive problemas para respirar e falava com dificuldades, mas nunca fiquei um dia sem adorar, não me importei com as dores que sentiria, só queria adorar ao todo poderoso.

Numa madrugada, sonhava que estava diante de um cadáver e chorava dizendo que não aguentaria viver sem aquela pessoa, pedindo que queria morrer também. Só que na vida real, estava tendo uma apneia do sono. De repente, ainda deitada, levantei muito rápido voltando o meu fôlego, com febres altas e respirava rapidamente, o que não podia fazer. Poucos dias depois, acordei virada de barriga para baixo, estava curada! Entendo que estava morrendo e Deus me trouxe à vida. No meu próximo trabalho, falarei de novo sobre curas, prepare-se para o sobrenatural do céu.

“

Lágrimas são
remédios que
me ensinaram a
enxergar o lado bom
do choro.

Zila Calei